为·师·授·业·丛·书

授业篇：

教师的创新意识

上

李加义◎编著

中国出版集团

现代出版社

图书在版编目(CIP)数据

授业篇:教师的创新意识(上)／李加义编著. —北京：现代出版社，2014.3

ISBN 978-7-5143-2175-3

Ⅰ.①授… Ⅱ.①李… Ⅲ.①创新意识-通俗读物②创新意识-通俗读物 Ⅳ.①I-49

中国版本图书馆 CIP 数据核字(2014)第 008510 号

作　　者　李加义
责任编辑　王敬一
出版发行　现代出版社
通讯地址　北京市安定门外安华里 504 号
邮政编码　100011
电　　话　010 - 64267325 64245264(传真)
网　　址　www.1980xd.com
电子邮箱　xiandai@ cnpitc.com.cn
印　　刷　唐山富达印务有限公司
开　　本　710mm×1000mm　1/16
印　　张　16
版　　次　2014 年 4 月第 1 版　2023 年 5 月第 3 次印刷
书　　号　ISBN 978-7-5143-2175-3
定　　价　76.00 元(上下册)

目　录

第一章　教师的创新意识的解读

第二章　及时更新教育观念

第三章　教学策略的创新

第四章　教师教学技能的创新（上）

第一章　教师的创新意识的解读

创新是一个民族进步的灵魂。一个民族要发展，要前进，就必须敢于走新路，走有自己特色的道路，而不能只是按部就班、跟在别人后面小心翼翼，亦步亦趋。这就需要培养出一大批不惧怕权威、敢于开拓、富于创造性的创新性人才。那么，培养创新性人才的人——教师就必须具备创造精神和创新意识。很难想象一个唯唯诺诺、循规蹈矩、照本宣科的教师会培养出思维活跃、敢于突破、富有创造力的学生来。因此，只有自身具有创造精神和创新意识的教师才能用自己的思想、自身的行动潜移默化地影响学生，更好地培养学生的创造力。

第一节　教师的创新意识

在马克思主义中提到："动物的生存与人的生活都是生命活动的存在方式，但两者的根本区别在于人的生活是一种不断地创造新的意义和价值的高级生命活动"。为顺应知识经济时代对创新人才的目标需求，创新型教师只有具备了强烈的创新意识，才能从根本上摆脱旧的教育思想观念的束缚，变革旧的教学模式，创建新的教学方法，建立新型的师生关系。

一、创新的解读

创新是以新思维、新发明和新描述为特征的一种概念化过程。起源于拉丁语，它原意有三层含义，第一，更新；第二，创造新的东西；第三，改变。创新是人类特有的认识能力和实践能力，是人类主观能动性的高级表现形式，是推动民族进步和社会发展的不竭动力。创新在经济、商业、技术、社会学以及建筑学这些领域的研究中有着举足轻重的分量。

创新从哲学上说是人的实践行为，是人类对于发现的再创造，是对于物质世界的矛盾再创造。人类通过物质世界的再创造，制造新的矛盾关系，形成新的物质形态。创意是创新的特定形态，意识的新发展是人对于自我的创新。发现与创新构成人类对于物质世界的解放，既为人类自我创造及发展的核心发展的矛盾关系。代表两个不同的创造性行为。只有对于发现的否定性再创造才是人类产生及发展的基本点。实践才是创新的根本所在。创新的无限性在于物质世界的无限性。

社会学概念：创新是指人们为了发展的需要，运用已知的信息，不断突破常规，发现或产生某种新颖、独特的有社会价值或个人价值的新事物、新思想的活动。创新的本质是突破，即突破旧的思维定势，旧的常规戒律。创新活动的核心是"新"，它或者是产品的结构、性能和外部特征的变革，或者是造型设计、内容的表现形式和手段的创造，或者是内容的丰富和完善。

经济学概念：什么是创新？简单的说就是利用已存在的自然资源或社会要素创造新的矛盾共同体的人类行为，或者可以认为是对旧有的一切所进行的替代、覆盖。经济学上，创新概念的起源为美籍经济学家熊彼特在 1912 年出版的《经济发展概论》。熊彼特在其著作中提出：创新是指把一种新的生产要素和生产条件的"新结合"引入生产体系。到 20 世纪 60 年代，新技术革命的迅猛发展。美国经济学家华尔特·罗斯托提出了"起飞"六阶段理论，对"创新"的概念发展为"技术创新"，把"技术创新"提高到"创新"的主导地位。20 世纪 70 ~ 80 年代开始，有关创新的研究进一步深入，开始形成系统的理论。20 世纪

80 年代以来，我国开展了技术创新方面的研究，傅家骥先生对技术创新的定义是：企业家抓住市场的潜在盈利机会，以获取商业利益为目标，重新组织生产条件和要素，建立起效能更强、效率更高和费用更低的生产经营方法，从而推出新的产品、新的生产（工艺）方法、开辟新的市场，获得新的原材料或半成品供给来源或建立企业新的组织，它包括科技、组织、商业和金融等一系列活动的综合过程。此定义是从企业的角度给出的。

应该强调的是：创新是有层次的，我们提出的"创新"不同于科学家和艺术家的创新。我们所说的"创新"是指通过对创新的主体的教育和影响，使主体作为一个独立的个体，能够善于发现和认识有意义的新知识、新事物、新方法，掌握其中蕴含的基本规律，并具备相应的能力，为将来成为创新型人才奠定全面的素质基础。"创新"就是变革常规，产生具有现实意义的结果。此过程或结果往往与众不同，标新立异。

创新教育不仅仅是教育方法的改革或教育内容的增减，而是教育功能上的重新定位，是带有全面性、结构性的教育革新。我们强调的重点是：为了培养造就适应未来需要的创新型人才，必须有适应这样人才成长的"土壤"和良好的环境。因此，必须抓住相关问题进行全面的教育改革。这里面既包含上述操作层面上的内容，更应强调变革人们的思想观念、思维方式和行动习惯。它涉及教育的一系列理论和实践问题，因而，围绕"创新"教育的根本目标，应进行教育的综合改革，强调整体性、综合性、系统性。

二、创新意识的解读

1. 创新意识的含义及特征

创新意识是指人们根据社会和个体生活发展的需要，引起创造前所未有的事物或观念的动机，并在创造活动中表现出的意向、愿望和设想。它是人类意识活动中的一种积极的、富有成果性的表现形式，是人们进行创造活动的出发点和内在动力，是创造性思维和创造力的前提。

创新意识的主要特征：

新颖性：创新意识或是为了满足新的社会需求，或是用新的方式更好的地满足原来的社会需求，创新意识是求新意识。

社会历史性：创新意识是以提高物质生活和精神生活水平需要为出发点的，而这种需要很大程度上受具体的社会历史条件制约，在阶级社会里，创新意识受阶级性和道德观影响制约。人们的创新意识激起的创造活动和产生的创造成果，应为人类进步和社会发展服务；创新意识必须考虑社会效果。

个体差异性：各人的创新意识和他们的社会地位、环境氛围、文化素养、兴趣爱好、情感志趣等方面都有一定的联系，这些因素对创新意识的产生起到重大影响作用。而这类因素也是因人而异，因此对于创新意识既要考察社会背景，又要考察其文化素养和志趣动机。

2. 创新意识的作用

（1）创新意识是决定一个国家、民族创新能力最直接的精神力量。在今天，创新能力实际就是国家、民族发展能力的代名词，是一个国家和民族解决自身生存、发展问题能力大小的最客观和最重要的标志。

（2）创新意识促成社会多种因素的变化，推动社会的全面进步。创新意识根源于社会生产方式，它的形成和发展必然进一步推动社会生产方式的进步，从而带动经济的飞速发展，促进上层建筑的进步。创新意识进一步推动人的思想解放，有利于人们形成开拓意识、领先意识等先进观念；创新意识会促进社会政治向更加民主、宽容的方向发展，这是创新发展需要的基本社会条件。这些条件反过来又促进创新意识的扩展，更有利于创新活动的进行。

（3）创新意识能促成人才素质结构的变化，提升人的本质力量。创新实质上确定了一种新的人才标准，它代表着人才素质变化的性质和方向，它输出一种重要的信息：社会需要充满生机和活力的人、有开拓精神的人、有新思想道德素质和现代科学文化素质的人。它客观上引导人们朝这个目标提高自己的素质，使人的本质力量在更高的层次上得以确证。它激发人的主体性、能动性、创造性的进一步发挥，从而使人自身的内涵获得极大丰富和扩展。

三、教师的创新意识

教师的创新意识指在一定条件下，教师依据自身素质，在变革教育的过程或实践中，发现和认识有意义的新知识、新思想、新方法、教育规律，教育特点、结构、理论和原理等的高度有组织的、高度完善的知觉和自觉的思维。

吸纳新知的开放意识：我们所处的是一个充满生机与活力的开放时代，各种思潮、各种学派、各类知识不断从四面八方涌来，叫人应接不暇。作为有创新意识的教师不能只坐在书斋中，抱着几年甚至十几不变的讲稿，在落后与陈旧中寻求安稳，他们必须以开放的心态，在迅速传递和反馈的大量科技、教育信息中捕捉最新的、最前沿的信息，加以系统化筛选并传授给学生，只有这样才能保证我们的学生了解学科的走向，跟上时代的步伐。

寻根究底的问题意识：教师的任务是"传道、授业、解惑"。"解惑"，即解答学生提出的疑难问题。作为教师要想更准确、更深刻、更透彻、更全面地为学生解答难题，自己首先要善于发现问题，要有寻根究底的问题意识，因为有了问题才能更深入地去思考、去研究，这是萌发创新思想的前提，也是引导学生创造的起点。

坚持真理的独立意识：教师不能只是唯书唯上、照本宣科，他们要有"标新立异"、"打破常规"的独立意识，必须能够运用所掌握的知识和技能进行独立思考并能发现问题和解决问题。只有这样，才能激发学生的创造欲望，开发学生的创造潜能，从而带领学生去思考前人从未思考的问题，探索前人从未探索的领域，开拓通向真理的道路。作为教师，如果他自己没有追求真理的独立意识，而是懒于思考，人云亦云，循规蹈矩，他就不能培养出学生的创新精神。

不怕权威的民主意识：在学术上，教师要有敢于批判、敢于怀疑的科学精神，有向权威观念、习惯势力冲击的勇气。同时，教师应把这种思想通过教学传达给学生，让这种民主意识深刻地影响学生，使他们不受旧的思想、理论、学说的束缚，不被名人的权威吓倒，而坚持自己的观点。在做人上，教师要让学生懂得，每个人，无论他的职务高低、家庭怎样、财产如何，人格都是平等的，教师不能因为是教育者就高出学生一头，而是要学会尊重学生，关爱学生，和学生交朋友，让学生感到人与人的平等与友好，从而增强学生的民主意识。

第二节　培养教师创新意识的意义

21 世纪的竞争是人才的竞争，人才的培养靠教育。学校作为培养 21 世纪合格人才的前沿阵地，所肩负的责任尤为重大。而作为培养人才的人——教师，其整体素质如何则是能否完成这一伟大使命的关键。当然，现代教育对教师素质的要求是多方面的，但在知识经济时代，培养教师的创造精神和创新意识是使学生不惧怕权威、敢于开拓、富于创造的重要保证。

一、有利于教师自身的发展

人是在创新活动中并通过创新来完善自身的。学生的成长和教师的发展具有同样的意义，甚至从某种角度上讲，后者要重于前者。因为，教师的发展是教育成功和学生发展的前提，也是丰富与提升教师生命内涵的实现途径。创新能力的提高应是教师发展的重要内容和主要目标。如果我们的教师能把"培养人"作为真实的教育目标，把"自我发展"作为个人价值的选择，那么，他们在工作中所面临的一切困难和障碍，无非只是对现有的知识、能力、人格发出的挑战，从而成为推动他们不断学习、反思、探索、创新的不竭动力。正如叶澜所说，"只有用创新的态度去对待工作的人，才能在完整意义上懂得工作的意义和享受工作的欢乐。

教师发展、教师专业化已成为当今世界各国教师教育和师资队伍建设的主要趋势。通过教师专业化程度的提高来提升教师地位，改善教师工作质量，达到促进教育发展的目的。因而研究教师发展、教师专业化是当代教育领域的热点课题。舒尔曼曾指出，教师专业化应具备以下六个方面的基本特征：在服务社会过程中将道德力量与知识创新联系起来；以先进的教育理论与专业知识作为职业支撑；教师的专业知识在实践中应用和发展；面对教育实践的不确定性做出正确的判断和决定；在实践反思中发展自身的经验体系；依赖专业团体实现合作探讨和专业评价。"上述六个方面特征的实现无不有赖于教师创新能力的发挥，创新使教师超越了以往工匠式的教学技能模式，走上了反思探究、自主发展之路。创新能力的高低也成为衡量教师专业化程度、教师发展水平的重要指标。

二、有利于学生创新能力的培养

很难设想，如果教师自己对世界并不好奇，他又怎么会使学生产生好奇，如果教师自己的思想是封闭的，他又怎么会使学生形成开放的态度，如果教师自己没有体现出反思的价值，怎么会使学生重视思考，如果教师本身不具备创新的态度和价值观，他又怎么可能有效地教授他们。为什么学生厌学、教师厌教的现象普遍存在？教师自身缺乏生命的活力，创新的灵动，作为学生学习、模仿的对象，教师失去了应有的魅力。教师不仅需要熟练掌握学科知识及其独特的认识世界的视角、维度与思维方式，而且更应该充分挖掘学科领域内伟大的发现过程与创新过程，展示其中蕴涵的科学精神与人格力量。也就是说，教育应该用富有创新精神的人去培养、塑造具有创新精神的人。

美国心理学家托兰斯经研究发现：教师在培养创新性动机测验中的成绩与学生的创新性写作能力之间存在一定的正相关，这说明教师创新性的高低对学生创新性的培养是相当重要的。另一项研究探讨了教师的态度对学生创新性的影响：教师对学生自主的重要性的认识，与儿童倾向于挑战、好奇、独立控制自己的愿望有明显的相关。可见，教师在教学中的态度会影响学生的内部动机，进而影响创新性。因此，教师的热情会带动学生的热情，教师的创新会引发、带动学生的创新。从这个意义上，我们可以说，教师的创新性是学生创新性的活水源头。

教师高涨的创造热情会潜移默化地感染学生。一个具有创新意识的教师在情感状态上会潜移默化地影响学生。特别是在课堂上，教师高涨的创造热情和各种行为表现会感染学生，使他们的情感也积极、活跃起来。这种良好的情感状态，会使学生的感知、思维、记忆和想象等心理过程也异常活跃，这样调动学生学习的积极性，使他们能主动地独立思考并寻找解决问题的新方法、新途径，从而提高了学习效率，培养了学生的创造力。由此可见，重视教师创造意识的培育，是培养出具有创造力学生的有力保证。

富有创新意识的教师能教会学生学会创新，培养内心觉悟和自主发展的人。教师要善于发现学生生命内在的创新潜能，找到学生身上的潜质，善于捕捉学生的闪光点，不失时机地激活和扩展。富有创新意识的教师有自己的教育理念，对教育、教学、课程、知识、师生关系等有自己的认识和理解。这种教育理念，具有反思和批判的特征，以渗透式的形式，以内源性与外发性相结合等方式投射到教师的整个教育活动中去，成为专家型教师的思想支撑和动力来源。富有创新意识的教师具有人文精神，以人为本。他们善于创设完整的教育过程，促进学生和谐的、可持续性的发展。完整的教育过程既有教师传授知识，又有学生自主发现学习；既有显性文化的影响，也有隐性文化的作用；既有知识信息的输送，又有人格品德的示范。富有创新意识的教师不拘泥于传统的教育教学范式，而是因地因时地、机智灵活地、自主地设计和创造许多有效的教育方法和活动方式。

三、有利于学校教育改革的实现

教育改革是学校教育前进的动力与过程。学校教育改革的实现与教师创新性的发挥与提高应该是同一的过程。而以往的学校教育改革，基本上走的是一条从外而内、从上而下的路子。常常是由某种理论作先导，行政手段作鞭策，在学校中贯彻、实施、推广。教师只是改革方案的简单执行者。

当今，无论是理论研究者还是实践工作者都意识到：任何一位教师以及他所面临的任何一个教育情境，都是具体的，独特的，不可重复的，长年积累的独具个性的实践经验是其他人的经验无法替代的，也是任何一个理论所不能完全验证、诠释得了的。以往的教育改革实现的仅仅是物改，着眼于教科书、教育技术设备、教育制度的改变，忽视的是教师教育观念、教育教学行为的改变，教师工作方式的改善以及进而所能引发的教学模式的真实改变。如果不能充分发挥教师的积极性与创新性，并且落实到他们的具体教学实践中，中国的教育改革，就如钱理群先生在一篇序言中所说的那样，"仅仅成为一阵喧嚣"。

教育是人的一切事业中最个人化的、最切己的，它的力量的最后凭借和最终来源便在于个体的训练、品质和智慧。事实上，教育的真实改变应该体现到人的改变上。只有深入到教师活生生的教学生活中，了解教师的"个人化理论"，帮助教师学会在教育行动中反思，从而培养其自我创新意识和自我创新能力。当每一位教师能够认清并改善自己的工作方式的时候，就是教育改革真正获得实效的时候。

第三节　中小学教师创新意识的现状

有人曾对一所有 597 名教师的中学做过实地的调查研究。从调查统计结果来看，对于当前中学教师创新能力的总体状况，选择"很强"和"很差"的教师均占极少数，其中选择"很强"的仅有 5 人，占总调查人数的 0.83%，选择"很差"的也仅有 16 人，占总调查人数的 2.68%；选择"比较差"和"一般"的人数占大多数，分别为 313 人和 151 人，占总人数的 52.42% 和 25.29%。

这一统计结果充分说明当前中学教师对自身创新能力总体状况的认可度为中等偏下，绝大多数教师认为教师这一群体的创新能力整体现状是一般偏下的。在得出统计结果后又通过深度访谈了解了一部分教师这样选择的原因，这些教师普遍反映已经意识到自身创新能力的匮乏，有些教师在学校里收到过相关培训的通知和辅导材料等，但是因为工作的繁忙，考试的压力过重，学校对这方面培训重视度明显不够等多方面原因，使得教师们苦于明明知道自身创新能力的不足，却投师无门，即不能较深刻的把握自身创新能力不够的症结所在，更找不到提升的有效方法，只能让愿望化为泡影。通过这些访谈，我们可以看到教师创新能力缺乏的真实状况，但是同时也欣喜的感受到了中学教师提升自身创新能力的强烈渴望，这就为中学教师创新能力的逐步提升打下了坚实基础。

调查数据显示：中学教师有创新愿望和兴趣，但仍然不能满足创新形势下的需要。长期以来教师处于一种固有的思维定势中，不敢也不善于突破传统的教育观念和教学模式，这就导致教师教学改革意识差，现代教育观淡薄，对学科领域内的新动向置若罔闻，创新意识薄弱，欠缺强烈的创造欲和激情。中学教师急于传授给学生现有知识，很少探究问题的真实性，只是充当着现代知识的搬运工，固步自封的教书匠，仅有15.2%的教师认为能够探究真伪，辩证看待权威。仅8.5%的教师能"积极、主动、热情应对教改"，大部分教师是迫于学校和国家的要求不得已而为之，仅有38.6%的教师符合或基本符合"主动承担有挑战性的教学、管理任务"，说明大多数教师遇到比较棘手有挑战性的班级管理工作往往互相推脱，缺乏用创新应对挑战的勇气和愿望。

大部分教师对于教育技术的选择还是偏于传统，虽然先进的教育技术在今天如此发达，可是本调查还是真实的反映出当前中学教师在教育技术的使用情况上存在的一些问题，当问及："相对于新的教育技术更倾向于传统的教学手段"时，有50%以上的教师偏向于使用传统的教育技术，当然这与学校的教学条件配备有关。大部分教师只有在公开课和实验课的时候才主动使用多媒体课件等现代教育资源。其中又存在两种情况，其一，对一些年龄偏大的教师，由于他们的知识储备中欠缺教育技术的相关知识，在职培训中又对此技能重视不够，导致他们想用却用不上，有部分教师还将他们制作的幻灯片视为"珍宝"，除非迫不得已否则不愿意用多媒体课件。一笔一划书写的幻灯片，当然能从中看出这些教师备课的认真，但是也能感受到他们对于现代多媒体教育技术的"排斥"情结，这种情况虽不在多数，但是在调查中仍有一定影响。其二，笔者了解的教师更多是新近本科师范类院校的毕业生，他们对多媒体教育技术的排斥与老教师不同，从网上直接搜索现成的多媒体课件是他们的选择，但是想要自己制作切合自己授课和学生情况的课件的人寥寥无几，他们也有此愿望，但是动手去实现的动机不大，多是因为师范院校课件制作课的开设并没有与教育教学技法课相结合，而是独立开设，什么时候该使用何种形式的课件，课件制作课上老师不教，只能由学生自己揣摩，而刚刚任课的教师往往缺乏教学经验，使用不当反而给授课带来影响，于是一些教师干脆将这些技术束之高阁，只是在观摩课上拿出来"展示"而已。

第四节　培养教师创新意识的有效途径

由于深受"应试教育"的影响，相当一部分教师创新意识不强，创新素质偏低，在一定程度上影响着学生的创新精神和实践能力的培养，束缚着学生的创新潜能开发。教师的教学思想和教学方式、手段还比较落后、僵化，学生以接受性学习为主，学校教育严重忽视学生学习的主动性，对学生综合运用知识、解决问题能力、创新学习能力的培养显得苍白无力。

教师是对学生实施素质教育和培养学生具有创新精神和实践能力的第一责任人，教师教学创新能力的强弱，直接影响着素质教育推进和学生创新精神培养的成败。为贯彻实施新的《义务教育法》，切实推进素质教育，全面深化新课程改革，我们必须重视和加强教师教学创新能力的培养工作。教师教学创新能力的培养不仅是教师专业成长和发展的需要，更是学校发展和推进新课改的关键。

一、树立责任意识

清朝学者顾炎武说："天下兴亡，匹夫有责。"这一名言影响了一代又一代的仁人志士。顾炎武的观点虽然有着时代的局限性，但其中所包含的忧患意识和责任意识却令后人所仰慕。当今世界，各国之间的竞争，说到底就是国民创新能力的竞争。许多国家都把创新性人才的培养作为构建国家创新体系的重要内容，作为教育发展和改革的主攻方向。因此，国际间综合国力的竞争迫切要求我们加强对学生的创新精神和实践能力的培养。作为新时期的教师，我们有着义不容辞的责任和义务，肩负起把祖国下一代培养成为创新型人才的重任。并且我们教师应该具有比学生更强的创新意识、创新思维和创新能力，在创新方面应成为学生的表率。

其实，任何人都可以创新，凡是在社会历史领域进行活动的人，都是具有创新意识、创新精神、创新能力的人，人类的历史就是不断创新的历史。关键在于我们愿意不愿意去创新，是不是视学生的全面健康发展为己任，是不是将学生的创新精神和实践能力的培养作为核心目标来看待。我们要从为学生升学负责，转变为对学生的一生负责；从为学生的学习、升学作规划，转变为为学生的一生作规划。只要我们牢固树立起一种"以学生的全面发展为己任""为学生的一生作规划"的责任意识，我们就没有理由不去改变我们自己，就没有理由不去为我们的学生进行创新教育活动。

教师如果能够树立责任意识，愿意将创新教育作为毕生的追求，那么就会有一种高尚的职业道德、无私奉献的精神在创新教育活动中闪光，就会有一种自强不息、严谨治学、精益求精、永无止境的优良品质在创新教育活动中得到升华，那么，渊博的科学知识、丰富的教育智慧、完美的人生境界，就会在创新教育活动中走向成熟。

二、转变传统观念，重视创新能力

观念影响人的思维和行为，同时也调动人的潜能。要实现自身创新能力的持续发展与提升，必须首先树立终身学习和敢于破立的观念。终身学习的观念引导着中小学教师及时跟上时代发展步伐，了解时代对教育的最新要求；破字当头，立在其中，批判是创新的排头兵，敢于有根据地对现有知识或结论进行批判，敢于向权威挑战，才能建立新的理论和学说，才能使中小学教师形成正确的创新理念，产生强烈的创新意识。

只有具有强烈创新意识的教师，才能保持对教育创新的热情，自我洞察、自我反思以及有效地调整自己、改变自己、提升自己，使自身的教育观念不断更新，教育行为不断优化；才能打破传统课程体系和教学模式对教师传统思想的影响，不断进取，认真学习，勇于探索、实践创新；才能不断感受通过辛苦劳动获得创新成果的乐趣，进而不断进行自我激励，勇于尝试，不怕失败，积极进取，使自己的创新能力得以强化、发展和增强。

教师要清醒的认识到自己是教学活动的主要承担者，意识到自己的努力决定自己工作生活的发展变化，从而自觉发挥能动性，积极投身教育事业，较高的自我效能感可以促进教师主体意识的觉醒，主动进行教育创新，努力发展自身创新能力。

三、积极的文化观和综合的知识观

"历史发展表明，积极的文化观念对创新能力的发展和发挥起推波助澜的作用。而消极文化观念则会严重窒息创新精神和创新能力。"一个脱离社会知识的人在信息社会很难生存，更何谈走在时代发展前沿发展自己的创新能力了，所以中小学教师在教书育人的同时要有积极的文化观，跟社会接轨，跟世界接轨，用最新的教育教学成果、理论武装自己。现代社会是一个学科融合的社会，想要发展创新能力，中学教师还应该自觉地打破"专业壁垒"，实现知识的综合化。文科专业毕业的教师要尤其注重自然科学、技术科学等方面的知识补充，理科专业毕业的教师尤其必须注重于人文科学、社会科学等方面的知识补充。

四、不断学习，更新知识，站在文化、科技发展的最前沿

知识的本质就是创新，人类进步的文明史，实质上就是新知识不断产生、不断作用的历史。接受教育，获得知识，提高创新能力，是教师立世的天职和生存发展的资本。人的大脑是获取知识、产生创新知识的发动机，要使它不断地产生出创新的奇光异彩，就必须浇注高浓度的燃料——知识。"百年大计，教育为本；教育大计，教师为本。"教师不仅要学好和精通所教学科的知识，还要学习更多的知识，如：创造学、心理学、个性学、环境学、生命科学、教育技能技巧、外语、计算机应用技术等。总之，教师知识结构特点，应该是一种系统的、科学的、适应素质教育的创新型、通才型、特长型结构。

在科学文化飞速发展的今天，知识增长的速度极快，知识更新的周期越来越短，教师如果还只是沉浸在自己上学时掌握的知识里，埋头于一本教科书中，就会显得十分狭隘和贫乏，更谈不到会给学生以教育和启发。因此，要不断学习、吸收各种知识并努力加强对与自己教学专业有关的边缘学科知识的了解与学习，加强横向联系，活跃学术交流，不断将新学科知识融入自己的专业知识中，向"博大精深"迈进。

五、具备综合能力和自学能力是培养创新能力的根本

大量事实证明，综合就是创造。任何一个创新活动，都必须以广博的知识和广泛的社会实践为源泉，都是对已有知识的重新综合、提炼及转化。一个人综合知识的能力越强，他所产生的思维能力越强，他所产生的思维也就越广泛，取得创造的成功率就越高。综合作为一种能力不是轻而易举实现的，①必须有广博的知识和教学实践作为功底，缺一不可。②必须学会总结，提炼抽象的高层次劳动能力及方法，这是知识转

化的关键。③必须形成"再学习、再提炼、再创造"的良性创新运行姿态。"自学"，就是自己非常自觉地学习。没有自学习惯和品质，就没有成功。

在知识经济时代，知识创新借先进信息技术之威力，呈几何级数增长，瞬息万变已成为现实。教师的创新思维从何而来？毫无疑问，来自教师刻苦的自学精神和科学的自学能力！让我们主动而信心百倍地掌握一把开启终身教育的万能钥匙——养成自学习惯，提高自学能力，铸造自学品质。

六、勤学苦练，积极参与社会实践

教师要养成动态的知识观，不墨守成规，不迷信权威，不过分因循守旧，善于推陈出新，敢于标新立异。努力在平时的工作和生活中培养发散思维、逆向思维和科学类比思维和多学科知识融合等能力。在合作意识的指导下培养独立思考的习惯，锻炼独立完成任务的能力，注意观察学生身心两方面变化，及时调整自己的管理策略，形成自己一套独特的管理理念并适时调整。同时做好教学积累工作，尝试记教学日志，做教学反思，总结平时教学管理工作中的经验教训，用于指导实践。在做好本职教学工作的基础上多进行教育科研，多出科研创新成果。除此之外，还应学习和掌握创新理论和方法，并能将这些理论和方法学科化、具体化。

在瞬息万变的时代发展中，教师必须打破自身的封闭性，走出书斋，开阔视野，以改革的参与者和促进派的身份，深入到改革开放的前沿。通过对实际生活的观察与思考，得出自己对生活、对科学文化、对社会的看法并传授给学生。只有这样才能不脱离时代，不脱离现实生活，才能得到学生的认可。

七、掌握现代技术

当今的社会，是一个信息化的社会，各种各样的信息瞬息万变、错综复杂，特别是信息高速公路的建成，教育信息的搜集、整理、利用等日益向大容量、网络化、快速化方向发展，呼唤着每一位教师加快掌握各种新的教学手段，去迅速适应科技发展的新要求。

信息时代的教学方法和教学手段已经有了突破性的发展。远程教学、多媒体教学等现代化的教学方法和手段使教学更加生动活泼，更具直观性。要彻底改变"纸上谈兵"的陈旧教学模式，否则就会误人子弟。要尽快打破课堂教学和现有知识结构的限制，因材施教，鼓励冒尖，不要一刀切，否则就会压抑学生个性的发展。要引导学生通过自学取得独立获取知识和运用知识的能力，而不是喂一口、吃一口地填鸭。古人云："工欲善其事，必先利其器"，教师必须善于运用各种现代化的、有效的教学手段，创造性地掌握教育理论和技巧，完成教育任务。

可以说，不掌握现代教育技术，我们要想在教学中实施创新教育，从而实现教学创新能力的提高，是不可能的。因此，形势要求我们教师必须注意学习现代教育技术及计算机技术、网络技术、多媒体技术以及其他先进教育技术，并能逐步掌握计算机辅助教学手段，学习创意、制作多媒体课件，力求使课件系列化、模块化和网络化，以充分发挥计算机辅助教学手段的功能。课件设计时要注意在进行相关知识的讲授时，容量要适中。

在当前，教师如果没有捕捉、处理信息的能力，就不可能有创新的意识和创新的动力，也就难以形成教学创新的能力。平日里我们常常看到有的教师很用功，掌握了大量资料，但是这些资料在他们口中、笔下却是杂乱无章的，更没有从中提出自己的见解。而有的教师却能够根据看起来很平常的资料提出属于自己的深刻思想，并且叙述清晰。造成这种区别的原因是这样的教师缺乏对信息的筛选、吸纳，对资源整合、提炼精华的能力。

八、提升教研能力

传统教育观认为教师的职责就是"传道、授业、解惑"，因此以传授知识为主的传统教育模式造就了许多传授型的教师。为深化教育改革，全面实施素质教育，培养学生的创新精神和实践能力，社会对教师的素质提出了新的要求。我们的教师必须是科研型的教师，必须具备高水平的教育科研能力，否则无法实施这个变革，无法提高教师的教学创新能力。教育科研能力是一种高级的、来源于教育实践而又有所超越和升华的创新能力。教师的研究是立足教学的研究，是教师通过自己的教育教学实践进行的研究，这种研究是从问题出发，从教师的需求出发，解决问题的过程就是教学研究的过程。

多年来，在教育实践中，我们面临的最主要的问题是绝大多数教师缺乏进行教育科研的意识。他们怕改革、怕影响升学率、怕家长抱怨，因而被迫或自愿地沉睡在古老的教育模式之中，年复一年，日复一日，靠苦干、加班、超负荷地工作以换取升学率。为此，我们必须树立全新意识：教师是教育科研的主力军，从事教育科研是每一位教师份内的工作；仅仅会教课而不会教育研究的教师，不是新时期的合格教师，更不是具有创新能力的教师。

提升教师的科研能力，我们可以定期向教师介绍科研和教研信息，传播先进的教育理论，组织教师外出学习考察和参加各种学术研讨会，定期不定期地举办专家讲座和指导教师科研创办学术刊物等。同时，对于教师的教育科研成果要以制度化的形式给予精神上的表彰和物质上的奖励。对于高质量的教育科研成果，要向上级有关部门申报奖励。同时要把教师的教育科研成果与职务评聘、评优、晋升、获得科研资助联系起来，这样可以使教师尝到科研成功的喜悦，进而调动其科研的积极性、主动性和创造性。

教师教学创新能力的培养是一项长期而艰巨的工程，需要我们从思想上予以足够的关注和重视，需要我们在物质条件上给予保障，更需要我们以一种宽容的心态去面对。

九、虚心向学生学习

"师不必贤于弟子，弟子不必不如师"，古人的遗训至今仍富有深刻的哲理，更何况信息网络时代，人们接收信息的途径多种多样。我们面对的是看电视玩电脑长大的孩子，他们知识面广，思维敏捷，接受新知识快，有主见，独立性强，在许多方面值得教师学习。因此，作为教师要使自己不断进步，不断完善，就必须虚心学习学生的优良品质，这样才能做到"教学相长"，才能真正成为受学生欢迎的老师。

第二章　及时更新教育观念

　　教育的改革，教师角色的转变势在必行。必须转变教育只为分数服务的目标观，树立教育为提高人民素质，为社会主义现代化服务的目标观。社会主义要现代化，则必须教育也要现代化，具有未来意识，这是时代赋予教育的新使命。现代科学技术飞速发展，不但不允许我们留恋"过去"，而且也不允许我们留恋"现在"，因为现在的东西马上就要变成"过去"。因此，对于教育，我们必须用现代化的教育理念替代传统的教育观念。在本章内容，我们主要从教育目标的创新、教育课程的创新以及教育评价的创新来谈谈如何及时更新教育观念。

第一节　教育目标的创新

　　教育目标是教育的出发点和归宿，对教育的各种活动起着重要的导向作用。教育目标创新是教育创新中的重要组成部分，对其他创新活动起着制约作用。因此研究教育创新，就必须认真研究教育目标创新的问题。

一、教育目标及其创新

　　教育目标是教育活动所要达到的标准和境界的统称，是教育行为所预期的结果。教育目标在整个教育活动中起着"核心"作用，即任何教育活动都要围绕目标的实现而展开。

教育目标创新是指根据现代社会发展的需要，特别是 21 世纪变革的需要，结合学生身心潜能的开发和个性的发展，对教育现行目标进行检查、反思、加以革新，使它更加能反映时代的要求和学生发展的要求，为教育其他方面的创新提供正确的导向。

二、教育目标创新的作用

教育目标的创新，将对教育的其他方面的创新产生各种积极的影响，这种影响显示了教育目标创新在整个教育创新中的地位与作用。具体地说，教育目标创新主要有如下作用：

1. 教育目标创新对教育其他方面的创新具有导向作用

目标创新对教育体制、结构创新的导向作用在于：引导体制创新向更民主化、科学化的方向发展，使体制更具有活力、竞争力；引导着教育体系结构的创新向着更有利于创新人才的培养方向发展。目标创新对教育观念创新、人才培养模式创新的作用在于：使这些创新向着树立现代教育观念、推行启发式教学和讨论式教学的方向发展。其他方面，如课程创新、教育形式与方法创新等，也都受目标创新的引导，向着轻负、优质、创新的方向发展。所以，抓好教育目标创新，犹如抓住了"牛缰绳"，使教育其他方面的创新有了明确的导向。

2. 教育目标是教育行为的标准，是教育活动的希望与理想所在

教育目标创新为教育确定了更为合乎时代要求和学生发展需求的目标，反映了教育改革与发展的趋势，因而对教育其他方面的创新具有一定的动力作用，即它吸引和激励着其他方面的创新，围绕目标创新广泛深入地展开，以达到预期的效果。教育目标创新的动力作用来源于两大

方面：一是通过创新所确定的新的更有吸引力的目标，更合乎人的发展的需要，因而易于转化为学生学习的动机，而动机是动力的源泉；二是目标创新活动本身的示范，目标创新的成功为其他方面的创新提供了学习借鉴的范例，因而产生一种吸引、促动的作用，这种作用就是其他方面创新的动力。

3. 教育目标创新对教育其他方面的创新具有约束作用

教育目标对教育行为具有约束作用，它要求教育行为要以目标为方向、为标准，要围绕目标展开，不能偏离目标。教育目标创新所确定的具体目标和所反映的思想，为其他方面的创新实施提出了要求，提供了衡量的标准。例如，目标创新确定了以培养学生的创新精神和实践能力为重点，这一重点就要求教学创新做到爱护和培养学生的好奇心、求知欲，帮助学生自主学习、独立思考，扶持学生的探索精神、创新思维，营造崇尚真知、追求真理的氛围，为学生的禀赋和潜能的充分开发创造一种宽松的环境。

三、教育目标创新的内容

教育目标创新的内容是指教育目标创新所涉及的操作因素。一般来说，教育目标创新的内容涉及的因素很丰富、很宽泛。

1. 加强和贯穿思想政治素质

从现实的教育目标结构与实践来看，思想政治素质这个灵魂存在着被忽视和轻视的问题，致使青少年学生中存在着信仰危机、思想混乱、道德滑坡等现象。因此，教育目标创新首要的任务，就是要加强学生的思想政治素质教育。

其中世界观、人生观、价值观是基础，世界观、人生观分别是人关于世界和人生的基本看法，价值规则是人关于事物价值的基本认识。这"三观"是人的思想政治素质的基础。有了正确的"三观"，才有正确的思想政治灵魂。

爱国主义、集体主义、社会主义思想是核心，爱国主义、集体主义、社会主义（简称"三义"）思想反映的是个人对祖国、对集体、对国家的社会制度的认识、情感和信念，三者有着内在的联系，是一个统一体。"三义"是人的思想政治素质结构的核心，反映了思想政治水平的高低。所以，在教育目标创新中，思想政治目标的创新一定要重视这"三义"的地位与作用。

社会公德、家庭美德、职业道德（简称"三德"）是一个人的立身之本。社会公德是指个人在社会化过程中所习得的道德品质，是调节个人与社会其他成员关系的准则；家庭美德是指个人在家庭生活中习得的道德品质，是调节个人与其他家庭成员关系的准则；职业道德是指个人从事一定的职业劳动所必备的道德品质，是调节个人劳动行为以及在劳动中与他人关系的准则。这"三德"是一个人在社会、家庭、工作单位中立身的基本条件，是教育的重要目标。

2. 培养学生的创新精神

（1）创新意识。创新意识是指学生对创新活动的一种理性的觉识，它反映了学生对于创新的认识水平和自觉、主动水平。创新意识可以分三个层面：第一个层面是学生对创新的认知，包括对创新的意义、性质等的认知。有了正确的充分的认知，创新意识就有了基础。第二个层面是学生在认知基础上产生的创新的渴望、需求。这种创新的渴望、需求，作为一种内在的动力，可对学生不断地产生推动、促动作用。第三个层面是学生关于创新的意识渴求升华为行为渴求，即产生创新动机。这种动机与一定的创新目标和行为联系起来，就为创新的行为打下了动力基础。

（2）创新情意。创新情意是指创新的情感意志。创新情感反映一个人不仅想创新，而且喜欢创新、乐于创新，从创新中能获得乐趣。创新意志表明一个人不仅想创新、喜欢创新，而且敢于创新、勇于创新，不怕困难，百折不挠，把创新活动进行到底。创新情意是学生创新行为产生和维持的保障机制，是学生在创新活动中不断形成和发展的。现代创造学、心理学的研究表明，情感、意志在创新活动中的作用十分重要。例如，美国学者托兰斯研究发现，富有创造性的儿童具有热情、意志坚强、喜欢复杂性工作等情意特征。另外，斯坦、林奇曼等人的研究也强调了情意因素对于创造、创新的作用。因此，在培养学生的创新精神时，一定要重视创新情意的培养与发展。

（3）创新思维。创新思维是指具有创新特质的思维。有关的研究发现，创新思维具有五种特质：一是流畅性，指的是思维在单位时间内产生创新性观念的速度；二是敏锐性，指的是思维在单位时间内对新鲜事物感知的程度；三是变通性，指的是思维在单位时间内产生新观念所分类型的多少，表明了思维的发散程度；四是独创性，指思维所产生的新观念稀有、新奇的程度，越罕见，越具有独创性；五是精密性，指思维严谨、缜密、系统、全面的程度。例如，画一个人或物，画得细致入微，惟妙惟肖，即表现思维富有精密性。创新思维的五个特质互相联系，构成一个整体。对于具体的个人来说，可能在某些特质上表现明显、突出一些，而在另一些特质上表现一般，但作为创新思维，一定是通过这些特质表现出来的。培养学生的创新思维主要是培养这五种特质。

（4）创新个性。创新个性是指具有创新特质的个性，创新特质是指与创新活动、结果关系密切的特质。综合概括有关的研究成果，可见创新个性具有四种特质：一是好奇心，即对事物特别是新鲜、独特的事物充满好奇，有兴趣，喜欢追问和了解，产生求知欲。好奇心显示出一个人的敏感、尖锐、富有兴趣和兴致等行为，因而凝聚成一个人的创新个性特质。二是想象性，指的是一个人的思维空间和人格空间博大，善于把相距遥远的事物联系起来，并善于接受新事物和不同意见，不计较个人得失和别人的评价，对周围的人与事有包容性。这是一个人能够全身心投入创新和不断创新所必然表现出来的个性特质。三是挑战性，即不唯师、不唯书、不唯学术权威，敢于向已知和未知提出挑战，发表评论，尤其敢于提出不同看法。这是善于创新的学生所表现出来的一种重要的个性特质。四是冒险性，即处事大胆果断，敢于担风险，有胆有识，尤其是敢于干大事、成就大事，有一股勇往直前、不达理想目标决不罢休的精神。

（5）创新品德。创新品德是指人从事创新活动所必须具备的道德品质。过去研究者们在研究创新、创造时，不重视有关道德品质的研究。但是，在现实中越来越多地发现，创新、创造活动与创新品德密切相关，现实的创新需要正确的品德来指导。因此，在当今的创新、创造研究中，也日益重视创新品德的研究。综合有关的研究，创新品德主要包括这样几个因素：

一是勤奋敬业。懒惰的人搞不成创新，因为创新比常规的事更复杂、更艰难，因而更费时费力，所以必须勤奋；同时也必须敬业，热爱自己的学习或工作，以此为荣，以此为乐，方能全身心投入，取得出类拔萃的成绩。

二是团结合作。现代创新活动，包括学习中的创新，涉及的因素很多，常常需要与人合作才能攻关、完成。因此，必须具备团结合作的精神品质。

三是责任感、使命感。富有创新品德的人对改变旧的不合理的事物负有责任感，对改变现状，推动社会前进负有责任感。使命感表现了创新主体责任感的进一步升华，上升为一种超越自我欲望，而秉承历史、社会、未来的使命，把个人的责任与历史、社会发展的要求结合为一体。学习中的创新也是如此，学生应该把学习中点点滴滴的创新与新世纪社会主义现代化建设的需要联系起来，这样就使学习创新升华为对社会、历史的责任。这种学习动机和理想就崇高得多了。

四是理想信念。理想分个人理想与社会理想。作为创新主体，必须把二者统一起来，把创新与个人价值、潜能的实现结合起来，更要与美好社会的建设结合起来。学生要把学习创新视为建设美好社会的一部分，成人要把工作创新视为建设美好社会的具体行动。有了远大的理想，创新就有了巨大的动力，就能确保创新的成果被用于服务社会，而不是专谋私利。信念是指对创新意义的信念，更是对创新必胜的信念。相信只有创新，才能发展，才能进步；任何创新，包括学生的学习和成人的工作，只要努力开拓，就一定能克服困难和曲折，最终获得成功。总之，勤奋敬业、团结合作、责任感、使命感、理想、信念是创新品德的重要内容，在培养学生的创新精神工作中，都要予以高度重视和加强。

（6）创新美感。创新美感是指诱发创新活动的美感。越来越多的研究发现，许多重大的创新与创造，并非直接由它本身的实用性而产生的，而是由于它本身的美而产生的。例如，著名科学家杨振宁"进行科学创造，并不仅仅因为它是有用的，特别是当代理论物理对自然的探索，离实际应用还有相当远的距离，那么支配他献身于科学的原因是什么？是自然的美、科学的美。创新美感包括对对象美的敏感性、鉴赏性、追求性以及把这种追求转化为创新行为和成果的能力。首先是对美要敏感，能做出新的反应，捕捉住美的现象和本质。只有对美敏感，才能鉴赏到美。鉴赏美是在鉴别中欣赏美、玩味美、享受美，把对美的感受转化为美感。有了美感，就产生了追求美的动机和冲动，因而产生了创新、创造的活动。对于学生来说，用一种更简捷方便的方法解答了一道题，这种解法就是一种美。学生有了对这种美的敏感反应和鉴赏反应，就会追求这种美，并通过创新活动来实现这种美。美感能诱发创新，所以，必须通过各种方法，培养学生的创新美感。

3. 培养学生的实践能力

实践能力也是教育目标创新的一个重点内容。从现实的教育教学情况来看，实践能力是学生的一个弱项。究其原因，主要有两个：一是传统教育思想的影响。中国传统的教育思想，主张教育的最高目标是培养君子，而君子是动口不动手的，是统治劳力者的劳心者。因此，就不需要实践的能力。这种思想在现实中仍然存在。许多家长、学生把受教育的目的定位在"读书做官"、做"白领阶层"上，对于从事实践劳动是鄙视的。因此，在教育教学中就轻视实践能力的发展。二是现实的教育教学自身存在着不利于实践能力培养的观念和做法。许多教师把教育教学看作单一的知识讲解、讲授、传递过程，课堂上以讲为主，课下的作业也是以纸笔为主，缺乏对学生实践活动的锻炼与培养。这种教育教学观念和做法是培养不出学生的实践能力的。

实践能力的缺乏，对教育和学生的发展来说，有严重的危害。危害之一是理论脱离实际，使学生掌握的是死知识，僵化的知识，不能在实践中运用；危害之二是容易使学生流于空谈，空有好的设想和愿望，不能把这些设想和愿望变为现实，久而久之，成为无用之材；危害之三是败坏教育教学风气，使教育教学脱离实际、脱离实践。现代社会要求教育教学与生产劳动密切结合，这样才能培养出适应劳动变换、职能变动、工作流动的人才来；危害之四是教育不适应社会主义现代化建设对各级各类人才的需求，尤其是不适应对具有良好社会实践能力的人才的需求。

调查表明，在21世纪初，我国社会主义市场经济建设和社会发展需要大量的实践型人才，即使是研究型、管理型的人才，也必须具有良好的实践能力。在相当一个时期，我国的产业仍然以劳动密集型产业为主，在劳动者的队伍中，体力劳动者仍占绝大多数。这就要求我们的教育，尤其是中等教育，要把重点放在学生的实践能力的培养上，以培养出实用型的人才。高等教育培养的高级专业技术人才，也要善于把知识与实践结合起来。

那么，什么是实践能力呢？实践能力包括哪些因素呢？我们认为，实践能力是学生通过实践来获取知识和将知识运用于实践之中的能力。这里的"实践"既指广义的社会实践劳动，又指狭义的教育实验、试验和其他的活动。从结构上看，实践能力包括如下因素：

（1）动手操作能力

人的手是完成实践操作的主要器官。如何正确有效、科学合理地使用好手，发挥好手的功能，是发展实践能力的重要内容。学会用手，不仅能做好事情，而且能发展大脑，促进身心的和谐发展。研究表明，手在大脑定位图中所占的位置很大、手的使用和操作对于大脑的发展具有很大的作用。动手操作是有规律、有规则的，因而需要一定的能力。动手操作能力的形成与发展，是以操作实践为途径和方式的。动手操作包括日常生活中手的操作、教学活动中手的操作和社会劳动中手的操作等。一双灵巧的、富有创造性的手，是在动手操作活动中培养、锻炼出来的。因此，引导学生多用手做事，多参加生活劳动和生产劳动，是培养和发展学生动手能力的有效途径。

在我国教育史上，人民教育家陶行知是非常重视培养和发展学生的动手能力的。为此，他提出了"教学做合一"的教学模式。他认为"教学做是一件事，不是三件事。我们要在做上教，在做上学。在做上教是先生；在做上学是学生。从先生对学生的关系说：做便是教；从学生对先生的关系说：做便是学。先生拿做来教，乃是真教；学生拿做来学，方是实学。""做是学的中心，也就是教的中心"。那么什么是"做"呢？陶行知认为，"只有手到心到才是真正的做"，"真正之做须是在劳力上劳心。这实际上是在思想观念支配下动手操作。正是因为看到了动手操作的重要意义，所以，陶行知才把"做"即动手操作视为教学的中心，并创立了"教学做合一"的教学模式。这对我们今天培养和发展学生的动手操作能力仍具有启发、借鉴的意义。

（2）交往能力

实践是社会性的实践，因此，涉及人与人的交往。要全面培养学生的实践能力，必须引导学生学会交往，发展交往能力。要学会交往，就必须具有语言文字表达能力，因为这种能力是传递信息、表达思想感情的手段和渠道，是进行交往的基础。此外，还必须培养学生具有团结协作和社会活动能力。在实践中的交往关系，主要是团结协作和进行社会活动的关系，有了这种团结协作和社会活动能力，实践才能有成功的保障。尤其是建立在现代科学技术基础上的实践，交往的广度与深度空前加大加深. 人与人的关系更紧密，从而使实践的成败更取决于人的团结协作和社会活动能力。所以，要发展学生的实践能力，就必须培养学生具备以语言文字表达能力和团结协作、社会活动能力为主要内容的交往能力。

（3）设计能力。

指对实践活动进行组织谋划的能力。任何实践活动都包括实践目的、实践条件与手段、实践过程、实践结果等因素。只有把这些因素组织谋划好，才能使实践活动进行得顺利而有成效。这就需要设计能力。要培养和发展学生的设计能力，首先，要使学生了解一般的实践常识，包括实践的组织结构、实践成效的评估标准与方法等，只有正确地了解实践，才能科学地设计实践。其次，要使学生学会按照规律性关系来安排实践的各个因素和环节。所谓规律性关系，举例来说，实践的过程包括实践目标的确定、实践条件与手段的选择、实践过程的开启、实践过程的检查、实践结果的评估等因素和环节，这些因素和环节依次按逻辑顺序安排的关系就是规律性关系。再次，要使学生学会制订设计方案的本领。对实践活动的设计足以具体明白的方案表达出来的，因此，设计能力中必须包括制订方案的能力。制订方案的能力涉及语言文字表达能力、图表表达能力以及方案结构的安排能力等。这些内容是学生所必须了解和掌握的。当然，了解、掌握这些内容的方法，还必须通过具体的实践活动的设计来进行。

（4）分析和解决问题的能力

实践能力还必须包括分析和解决问题的能力，因为实践活动中充满着许多可预测和不可预测的问题，要把实践活动搞好，必须具备善于分析和解决问题的能力。这一能力的重要内容是掌握科学有效的解决策略。研究表明，有效分析和解决问题的策略包括五个步骤：弄清问题，分析所包含的实质和因素；探索思考，利用已有的和新发展的知识与方法；提出设想，拟定解决问题的计划步骤；实施计划；分析结果，总结评价。这一策略被应用于许多领域，证明很有成效。发展学生分析和解决问题的能力，需要通过分析、解决具体实践中的问题来培养。所以，教育教学要加强实践问题教学。

四、教育目标创新的策略

课堂教学是学校实现教育教学目的和功能的主要途径，在学校教育中起着重要的作用，承担着为社会培养更多具有创新精神和实践能力的人才的重任。教育目标对整个课堂教学起着统贯全局的作用，规范和指导着整个课堂教学活动的进行，同时为教学效果的评价提供了标准。因此，要实现课堂教学创新，首要条件就是要进行课堂教育目标的创新。课堂教育目标的创新，不仅要具有新的理论指导，更需要提出具体的措施和策略来实现创新。

1. 以学生为本

以学生的发展为根本，是新一轮基础教育课程改革的核心理念。它强调，学生是教学活动的主体，教学应该充分尊重学生的实际需求，教师在教学中起主导作用，引导学生积极参与教学活动，鼓励学生交流合作、大胆质疑、探究发现，让学生成为课堂的主人，成为知识的探索者和自主建构者，实现其自主性、主动性和创造性的发展。同时强调，学生是一个人，一个有独立意志、有独特思想的发展中的人，其发展应该是知识与技能、过程与方法、情感态度与价值观三个方面整合的、全面的发展。

学生的主体作用是指在教学过程中学生作为学习活动的主体出现，他们能够能动地发展自己的潜能。课堂教学中主体作用的发挥是通过学生参与的教学活动而实现的，因此教师要精心设计教学活动，要恰当地确定教育目标，选择和设计教学方法。首先，要根据教学要求和教学内容来确定形式，精心设计，从"学"而非"教"的角度设计教学。其次，把时间和空间还给学生。教学设计要把学生当作语言实践的主体，提供给学生更多的学习机会和发展空间，激励学生全员参与学习活动的积极性。由于这种活动设计是以学生的课堂活动为中心的，教师的作用和角色也要随着学生活动过程而变化。活动前，教师要作好引导和示范提示；活动中需要教师巡视，并给予帮助指导；活动后须检查学生完成情况，并对教学过程出现的问题给予及时纠正或解答，充分体现学生的主体作用和教师的主导作用。

以学生为主体的教学，要实现学生的充分发展，必须激发学生的主体情感，营造主体发展氛围。首先，教师要尊重学生的情感，营造一种愉悦、宽松、平等、合作的课堂氛围，让学生有积极的情感体验。教师是学生学习情绪的主导者，营造良好的课堂氛围，要求教师在课堂上必须保持饱满的情绪，以良好的情绪影响学生。其次，教师要放下"架子"，贴近学生，尊重学生，缩短师生间的距离。另外，在教学中，对于学生每一点成绩及进步都要及时表扬、激励评价，使学生在自己的学习中，在成功的体验中增加信心，为学生主体发展创设良好的氛围和条件，使他们敢于积极主动地参与课堂教学活动。

课堂教育目标创新在以学生发展为本的前提下，应充分注重学生创新精神和创新能力的培养。学生创新能力、实践能力的培养是学生发展的重要表现。在教学活动中，在创新型的教育目标指导下，教师对教学应该有完整的把握，做到既能放又能收，收放自如，也就是说，既能让学生放开手脚，大胆地让学生去探索、发现问题，勇敢地去解决问题，在这一过程中充分展现学生自己的创新思想和创造性能力；又能在活动中适时启发、引导和鼓励学生，让学生在学习活动中更能积极主动地展现自我，让学生敢于有奇异的、独特的、创新的思想，敢于根据自己的思想去创造性地做。这样的教学才是成功的教学。

2. 师生共创策略

师生双方更应该清楚地认识到自身的角色，转变传统的角色意识。教师由教的主导者转变为学的引导者，由单一的知识传授者转变为学的参与者和促进者；学生由被动的接受者转变为主动的建构者和创造者。建立民主、平等与和谐的新型师生关系是教学的润滑剂。课堂教育目标要实现创新，必须有一个和谐、民主的师生关系的课堂作为保证。基于民主、平等的关系，师生才能更好地共同参与教学，促进教学顺利进行。整个教学活动的每一个环节，其实质上，都应是教师和学生的协作过程，是师生共同参与、共同完成的。

师生共同确定教育目标，要结合四方面的理解：第一是教师对学科教育目标的理解；第二是教师对教材的理解；第三是学生对教材的理解；第四是对学生生活世界的理解。由教师和学生共同参与教育目标的制订，就能很好地结合教师和学生的意志，使教育目标更完善。教育目标最终目的是促进学生的发展，更应该参考学生的兴趣、爱好、意愿和需求，以及他们的生活世界。学生参与教育目标的确定，一方面体现了学生的主体性，另一方面学生从自身的角度出发发表他们独特的看法、意见，体现了学生自身的价值。

还应该注意的是，学生内部发展的需要是有层次的，因此，面对相同的学习材料所产生的需要是不同的，这导致用这种方法制订教育目标时容易产生分歧，为教育目标的最终确定带来了困难。对此，要求教师对学生的需要应有正确的态度。在现实教学中，教师对学生教学需要的态度大体有漠视、迎合、纠错与引导几种情况。无疑，引导是教师在发展性理念的前提下，对学生的需要采取的最为积极合理的态度。教师应帮助学生形成合理的需要结构，如高低层次需要的不同搭配，帮助学生不断提高拥有较高的学习需要的自觉性。这样，师生所制订的教育目标的统一性、同步性就增强了。

3. 整体呈现策略

传统课堂教学以应试为目的，强调知识的获得和巩固，虽然教育目标也提出了技能、情意发展等目标，但在实际教学中很少能够落到实处。而学生更是不明确教育目标，只关注听课、记笔记、做作业、考试，以至成了考试的工具，考试成了学习的唯一目的。教育目标要实现创新，要提高教育教学质量，就要打破常规，要让学生时刻清楚自己要学习什么，从整体上认识学习的目标。这样，一方面让学生对将要学习的内容有整体的了解，做到心中有数，能有意识地根据内容去选择自己的学习方法，并知道怎样去解决其中的，些问题。另一方面，目标对学生有指向、激励作用，学生明确了学习目标，就有了学习动力，就能更加积极主动地去实践、探索，努力达到目标。

对于不同层次教育目标的整体呈现，可以采取不同的具体方式。学科目标的呈现一般放在开学初期，可以采取学生人手一册"教育目标图"的形式，即由教师将已经制订好的教育目标图发给每一名学生，让学生全面系统地了解本学科的特点、体系和结构，知道具体要学习哪些知识内容，以及该学科重点培养哪方面的能力等。课程单元目标的呈现应放在学习一个单元之前，可以事先编制一份"单元目标图"发给学生，让学生明白本单元的任务和整体目标。而课时目标是最具体的、一节课的目标，其呈现方式更多样，可以在一堂课之前给出目标，让学生总体把握学习的方向。创新型教育目标有动态发展性，教师亦可以根据教学情境、氛围，适时延伸、扩展教育目标，在教学中展现教育目标。当然，也可以在教学结束时、在总结教学任务的同时，呈现教育目标，让学生通过学习后自己进行总结。

4. 过程生成策略

从不同呈现方式来看，课堂教育目标可以分为行为目标、展开性目标和表现性目标。行为目标是以事先规定的行为期望为目标（如知识性目标），这种目标方式是理性的目标，是实质性的、可以量化的目标，便于操作和评价；展开性目标不以事先规定的目标为中心，着重考虑学生兴趣的变化、能力的形成、个性的发展以及态度情感的培养等方面，有利于培养学生解决实际问题的能力，较好地发挥学生的积极性、主动性（如情意目标），但这种发展学生的个性和创造性的目标很难用外显行为来表述，也很难用量化的测验来测量，它以一种隐性的、潜在的形式出现，但又是实际存在的，不容忽视的；表现性目标也不是事先规定的目标结果，它是学生从事某种活动后所得的结果，它关注学生在活动中表现出来的某种程度上的首创性（如能力目标），这种目标可以使学生摆脱固定目标的束缚，在活动中去探索和发展，从而逐步培养创造精神。表现性目标表现出来的是对既定目标的超越和创造。显然，展开性目标和表现性目标都不是事先规定的目标，而是随教学的进行而逐步生成的。

课堂教育目标已不是传统意义上的概念了，它已经实现了超越。当然，这也是合理的超越，因为课堂教学本身含有太多不确定的因素，最主要的变化因素就是人——教学主体（教师和学生），而要实现学生的全面健康发展，教师和学生这两个因素应该随教学环境、教学内容、教学形式等因素的改变而相互调适，更加协调，抓住能让学生获得更大发展的每一个机会。

要实现教育目标随教学运行而生成，教师作为教学活动的指导者、调节者应起到非常重要的作用。第一，要求教师充分熟悉教学内容和了解学生的实际学习情况，做到教学心中有数；第二，要求教师有敏锐的洞察力，能够及时发现有利于学生发展的教学内容和教学时机；第三，教师有丰富的情感，能够与学生情感共鸣，处理好与学生的关系；第四，教师有换位思考的能力，能够从学生的角度出发来看待教学中的每一个问题，而不是以教师的知识性权威来压制学生的思想情感；第五，教师能够充分利用环境，或创设有利于教学内容实施的环境，或利用已有的环境，恰当地运用环境有利于教学得到意外的收获。

第二节　教学课程的创新

课程是由一定育人目标、基本文化成果及学习活动方式组成的用以指导学校育人的规划和引导学生认识世界、了解自己、提高自己的媒体。教育创新的目标、方向最终必须落实在具体的课程中，通过课程的创新来实现。就学校教育而言，课程是学校教育的核心，是学校一切教育活动的媒介和载体。没有课程教材的创新，教育创新的目的就难以实现。

从近几十年来国际教育风云变幻的改革浪潮来看，课程的改革与创新，也是世界各国教育改革的重心，他们相继通过课程教材的变革与创新，使教育适应和满足社会发展的需要。因此，课程创新是教育创新的重要一环，处于教育创新的核心地位。教育创新必须重视课程的改革与创新，必须认真研究和探讨课程创新的背景、机制和策略。

一、课程创新的意义

教育创新旨在培养创新人才，实现知识创新、制度创新。教育创新目标的实现必须通过课程的创新来具体体现，而且课程本身就具有创新价值。认识这一点，对教育创新具有重要意义。

1. 促进学生创新素质的全面发展与提高

我国社会主义现代化建设的人才标准是德、智、体、美、劳全面发展的建设者和接班人，我们的课程设置和内容就体现了这些要求。就德育而言，开设有思想品德课、社会发展简史课、马克思主义哲学原理课、法律常识课等，各科教学和各种课内外活动也都含有德育的任务和内容。就智育而言，各级各类学校开设的课程都具有智育的功能，都要对学生进行基础知识、基本技能、基本态度的教育，重视和培养学生的能力。就体育而言，开设有专门的体育课，还有课间操、早操、课外体育活动。美育、劳动技术教育也有专门的课程设置，各科教学也兼有美育和劳动技术教育的任务。这种课程设置和要求正是我们的人才素质发展所要求的。近些年来，随着心理素质重要性的提升，我们的课程设置和内容中又增加了心理教育的内容。社会对人的素质发展有什么要求，在课程设置和课程内容上都会体现出来。

不同的课程对学生不同素质的培养起着不同作用。教育创新是当前中国社会发展的时代要求。教育创新就是要培养学生的创新素质，包括创新意识、创新精神、创新能力和创新人格。这就要求在课程设计时，把这些作为明确的目标确定下来，在课程设置和课程内容选择上，有目的地开设一些有关创造技能、创造技法、创造性思维训练课，小发明、小制作、小创造课，在课程实施中，有目的地运用有关创造性教学的方法，这样，学生的创新素质就会培养起来。这些已被现实中大量的丰富事例所证明。

学生每一方面创新素质的形成和发展，都与一定的课程相对应，以一定的课程为途径和条件。比如，德、智、体、美、劳等方面创新素质的形成与发展，与相应的德、智、体、美、劳课程对应。不同的课程对学生不同的创新素质的发展起着不同的作用。另外，学生由于家庭背景、文化氛围、社区环境、生理特点，以及兴趣、爱好、气质、性格等方面存在着差异，决定了每个学生的创新素质发展方向、发展特点以及发展的结果都不可能相同，这也就决定了教育者对学生所采取的教育教学措施必须有所区别。就课程而言，就是要在课程教材内容的选择、编排以及活动方式上，体现出个别差异，重视课程的个别化设计，以适应不同学生创新素质发展的要求。

2. 制约知识创新和文化革新

从古至今，课程就是继承、整理和传播知识和精神文化的载体。它根据社会的需要，对人类积累起来的知识和精神文化成果进行选择和编制，使它们便于教和学，以便使学生的文化知识和精神生活更加丰富，从而推动知识和社会精神文化的延续和发展。课程不仅传递和创新诸如道德、法律、文学、艺术、政治等社会意识形态方面的观念文化，而且可以再生产和创造科学技术知识，促进社会精神文化的全面发展和创新。

知识的主观性、境域性是课程文化创新的前提和原动力。知识本身具有无限丰富的意义，因为知识总是不断地为新的现实世界所解释，不断地为人所理解、所怀疑，它的意义也就不断地被发展、被超越。在学校课程的实施中，学生与人类的文化知识经验交流，与教师进行交流，与同学们进行交流，他们不但从中获得了对人类普遍文化知识的理解，而且也融入了自己的知识和经验。学生对文化知识的学习与掌握，并不是静态的原封不动的接收，而是积极主动地对其意义和价值的追求和创造。

"只有学生的创造性的理解，学生才能领会课程的内容和价值，才能把课程与自己的生活现实关联起来，才能领受课程的启发和培育。"通过理解，课程才能深入到学生的经验之中，学生才能创造性地与课程进行对话式的相互作用，接纳课程对自己经验的更新，积极地参与到课程的进行中，探索未知、扩展已知，获取新的意义和经验。这样，就实现了知识创新和文化创新的使命。

3. 促进制度创新

随着社会的发展，课程所要解决的基本问题就是社会变化的加剧与课程内容相对稳定性之间的矛盾。要解决这一问题，就必须考虑如何增强课程自身的适应能力和更新能力。课程的这种自身的适应能力和更新能力，需要通过课程编制制度的变革来实现。通过课程编制制度的变革，影响教育体制的创新，进而推动社会体制或制度的变革与创新。

从课程编制制度的历史发展来看，相继出现了哲学思辨范式、实证分析范式、人文理解范式和社会批判范式四种类型。每种后续出现的范式都是对前一种范式的补充、完善、创新或超越。每一种新课程范式的确立，都不同程度地推动了教育体制或制度的创新，进而推动了社会体制或制度的变革和创新。这些思想必定引起课程制度的变革，也会影响教育体制乃至制度的革新，如教学制度、办学模式、师生关系、教育管理的革新，也必定会对学生的知识观、信念、价值观、思维方式等素质的发展产生影响，促进学生批判意识、批判技能的发展，从而使他们进入社会后能够更大程度地促进社会各方面的创新。

每一种课程编制制度都反映课程编制人员的教育思想、课程思想、社会观、哲学观、知识观，而这些思想、观念是否正确，是否恰当，可在课程的实施中不断地受到检验。每一种课程编制制度，还会对师资队伍起到调整作用。这一切都表明，课程能促进制度创新。

二、课程创新的原则

1．整体性原则

课程创新是一项牵一发而动全身的工作。就课程外部而言，教育体制、教育管理、教育评价、教育政策等方面的变革是首先要考虑的，它必须顾及社会发展的大背景。就课程内部而言，要变革传统教育思想指导下的课程观，要就传统的课程目标、课程结构以及课程实施、课程评价的做法进行调整，做到统筹规划。

一方面，要考虑如何既体现出科技发展的现代水平，又适合学生的接受能力；如何既满足大多数学生的要求，又有利于英才的脱颖而出；如何让每一个学生的基本素质都得到发展和提高，同时又能让每一个学生的创新素质和个性都得到良好发展；如何克服现行课程的弊端，同时又继承它的长处。另一方面，课程创新的理论准备、舆论宣传、师资培训、教材建设、课程创新的机制等，也都是十分重要的；它们是否到位，配合是否恰当，都会关系到课程创新的成效。因此，课程创新，首先要坚持整体性原则，对各项理论与实践工作做周密细致的整体规划和设计。

2．结构性原则

我国以往课程的最大弊端在于课程结构不合理、不科学，具体表现为课程内容以学术性课程为主，实用性课程、适应地方建设需要的课程、对学生进行生活教育的课程薄弱；只有学科课，没有活动课；只重视正规课程，忽视非正规的隐性课程；课程的开设以必修课为主，必修课门类偏多，各门必修课对所有学生要求划一，选修课门类少、课时少，甚至有的学校形如虚设；各门学科比例不够合理，体育、音乐、美术等学科薄弱；重视自然科学学科，忽视人文社会科学学科，等等。现代系统科学认为，系统的结构决定系统的功能。因此，面向 21 世纪的教育创新，必须革除有关课程的这些弊端，把改革课程结构作为一项原则突出来。

3. 继承与创新相结合的原则

改革在本质上就是创新，但创新不是否定过去和现实中存在的一切。改革仍然需要继承，继承过去和现实中课程理论与方法的长处。新中国成立 50 多年来，历次课程改革已取得不少有益的经验，是需要继承和发扬的。比如，我国中小学的课程结构已经逐步形成一个比较完整的体系，有利于学生在德、智、体诸方面得到全面发展；我国中小学的课程管理比较严格，有指导性的教学计划、统一的教学大纲和根据大纲编写的经过国家审查的教材，有严格的考核评价制度，保证了中小学教学质量；我国中小学各门学科的教学大纲和根据大纲编写的教材内容具有思想性、科学性、系统性，注意既传授知识，又培养能力、发展智力等。这些经验是决不能丢弃的。教师应在过去和现在的基础上进行改革和创新。

4. 社会、知识与学生相统一的原则

制约课程的外部环境中，社会、知识与学生是三大重要因素。社会因素主要是通过教育目标来制约课程，它要求学校课程最终能达到培养社会所需要的合格人才的目的。课程创新必须符合社会、政治、经济发展的需求，反映生产力发展的水平，这是教育的出发一点和归宿。学校课程为完成这种目标就必须根据社会对人才的要求制订课程目标，选择课程内容。知识是人类历史经验和现时代达到的科学成就的总和，也可以说知识就是人类历史和现实文化的总和。课程解决的最根本问题就是如何从浩如烟海的人类文化中精选出最符合社会要求和学生发展的基本

内容，根据一定的标准和规则加以组织。它要求设计好的课程既反映人类文化的精华，又代表时代的国际水平，要能全面反映出文化知识的总体特征，使学生掌握完整的文化结构，并在此基础上能有所创造。

5. 统一性与多样性相结合的原则

教育创新，目的是促进全体学生创新素质的全面提高，促进学生个性的健康发展，包含两层含义。一层是全体学生都要在创新素质方面得到健康发展；另一层是每一名学生要有独特性，获得与自身条件相适应的发展。课程改革要适应这种要求，既要满足全体学生创新素质发展的要求，又要满足学生个性发展的要求，在课程设计上既体现出统一性，又体现出多样性。

我国是一个国土辽阔、民族众多的国家，各地区、各民族在经济、科技、文化等方面存在着差异，各地对人才层次的需要也有很大的不同。各地在执行国家统一规定的课程计划时，可以根据自身的实际情况进行调整。学校只有适应这种差异，才能最大限度地达到素质教育的目标。另一方面，每一名学生由于家庭背景、成长发育、文化环境等原因，在兴趣、爱好、知识经验、能力、性格等方面都有很大的不同，每个学生都有自己的独特性，表现出一定的差异，在发展的方向和水平上也各有侧重。这种情况也要求课程改革必须体现出灵活性，在保证统一要求的前提下，在课程标准、课程设置、课程实施、教材使用、课程评价等方面有多种要求和规定，以适应不同地区不同学校不同学生的身心特点、发展水平和要求。这样才能真正使每一名学生获得符合自身实际条件的全面素质的发展和提高。

6. 教学促发展的原则

课程创新的最终目的是更好更快地高效率地促进学生的发展，学生在德、智、体、美、劳等各个方面都得到适合自身特点的全而和谐发展。课程目标的独特性在于确定学生在一定学段的发展标准，即某一学段结束时学生在德、智、体、美、劳等几方面可能达到的水平。这一标准的制定不是随意的，它必须考虑学生在这一学段的年龄特征。因为学生的发展不是一蹴而就的，在不同的阶段有不同的年龄特征。

课程目标的制定要充分顾及学生心理发展的水平和年龄特征，以促进学生的发展。既不错过学生的发展关键期，也不任意拔高学生的发展水平，加大课程改革的难度，加重学生的负担。课程创新要有利于学生更好更快高效地发展。课程创新要考虑学生的发展水平，实际上就是参照学生现有发展水平与可能发展水平之间的关系，反映学生发展的动态特征，使课程符合教学与发展之间相互制约的规律。课程创新，必须考虑学生已有发展水平和学生的年龄特征，符合教学与发展相互制约的规律。

三、课程创新应采取的策略

认识到课程创新对教育创新的意义，明确了课程创新的任务和原则，就应有针对性地采取变革措施，构建与教育创新相适应的课程体系。

1. 变革课程形态，完善课程类型

课程形态是与一定社会发展阶段相适应的。它随着社会文化的发展以及教育体系的变化发展而不断变化发展。我国当前的课程形态主要表现为学科课程。虽然 20 世纪 80 年代以来，历经十余年的课程改革，各方面有了变化，如增设了选修课，把活动纳入了课程体系，加大了实验操作方面的要求，但作为课程形态的学科课程模式，在总体上基本没有改变。它重视经典内容的学习，以教师、课堂、书本为中心，采用讲授灌输的方式，忽视学生的自主探究与合作交流。这种传统的学科课程形

态已不能适应新世纪人才培养的要求，只能培养一种接受型人才，其创造性低，实践能力差，合作意识弱。这种课程形态必须被新的课程形态所取代。这就是要建立一种有利于学生创新精神和实践能力培养，有利于学生自主探究，合作交流，有利于学生素质全面提高的课程形态。

从近些年来课程改革的实践来看，就是建立一种由两大类、三大板块课程构成的课程形态。所谓两大类，即正规课程和非正规课程；所谓三大板块，即学科课程、活动课程和隐性课程，学科课程义可进一步分为分科课程和综合课程。这种课程结构较好地统摄了已有的各种课程模式，克服了它们的不足，使它们彼此之间相互补充，共同发挥作用。它较好地把历史和现实中的各种课程形态统一了起来，体现出现阶段我国课程的现实状态，符合我国课程形态发展的历史。现阶段，应致力于这种新的课程形态的建立和完善。具体而言，一方面要加强基础核心学科课程如数学、语文、外语的教学，减少这些学科的课时；另一方面要发挥学校的主动性，加强活动课程建设，增加活动课程时间；再一方面就是要加强校风、教风、校园文化建设，发挥隐性课程的育人功能。

为使课程类型趋于完善，除了上述要处理好分科课程与综合课程的关系外，还要适当开设心理教育课程、环境教育课程、创造教育课程、生计教育课程等。由于各种因素的影响，当代青少年的心理问题日益成为人们关注的焦点，他们所反映出来的问题对课程设置也提出了要求：要开没适当的心理教育课程，使他们掌握一定的自我调节、自我完善的技能，把握自身心理发展变化的规律，更好地促进自我发展。开设环境课程，目的在于使学生了解和把握人类自身与周围自然环境的关系，认识到人必须与自然和睦共处，人的生存和健康要依靠环境，人类只有合理利用自然资源，保护环境，才可能持续地发展。生计教育课程、创造教育课程，同样是面向 21 世纪为解决人的生存与发展所面临的问题而开设的。这些课程类型的完善，将为 21 世纪的人才培养提供良好的条件和媒介。

2. 更新课程内容，面向生活，面向社会

当前，我国的课程内容不仅陈旧，而且僵化，且具有封闭性。更新教育内容，需要采取两项革命性的举措。第一，要更新内容的结构形式，使内容结构从"学科"，转变为"类"与"范畴"的有机结合。第二，需要一支新的编制课程的主体队伍。这就是要组织杰出的自然科学家、工程师和社会科学学者，脱离现有课程内容和教材，独立地按照有关原则重新选择出新的中小学课程内容。

更新课程内容，一个重要的选择标准是面向学生的生活、面向社会的需要。21 世纪的社会，是一个信息化的知识经济社会，学校选择知识的标准是使学生能更好地掌握具有"生产性"的知识。未来学家德雷博·考夫曼曾就中小学课程选择作了六点概括，即①课程本身必须有利于培养学生搜集信息和利用信息的能力。②课程必须有利于培养学生清晰的思维能力，掌握分析、解决问题的方法及对未来的预测能力。③课程必须有利于培养学生社会交际活动能力。④课程必须有利于培养学生对人类环境深刻的理解力。⑤课程必须有利于培养学生理解人类和社会的能力。⑥课程必须有利于培养学生自知之明及自我克制的能力，掌握个人学习的最佳方式及策略。

教育在本质上离不开人的生活，教育应该在生活的层面上展开。教育的价值就在于把陌生于人的外在世界转换成人的生活世界，建构起人与世界的活泼、生动、富于意义的关系，改善人的生活品质，充实人的生活与人生，把教育与人的生活统一起来，在教育与人的生活的整合中建构人的各种素质。

3. 把创新作为一项基本原则贯穿在课程编制与实施的各个环节

在小学和中学各学段的培养目标和课程目标上，对学生创新素质的培养做出明确规定和要求。在课程结构上，加强基础核心学科课程。如

语文、数学、外语的基础知识、基本技能、基本能力、基本态度，设置多类型的综合课和选修课，开设专门的创造思维技能训练课和小发明、小制作、小创造课，为学生创新素质的培养，提供条件和知识、技能、方法。寻求必修与选修、学科与活动、分科与综合之间的平衡。

在课程实施上，首先要把活动作为教学的根本原则。活动是人存在和发展的方式，是人的主体性生成和发展的源泉和动力。人的创造性是人的主体性的最高表现，是人的最本质属性，它的形成和发展同样离不开人的积极主动的内外部活动。在各种类型的课程实施中，教师首先要最大限度地使学生处于主体激活状态，积极主动地动口、动手、动眼、动耳、动脑去行动，去实际操作、体验和表现，实现学生学习活动方式的自主、参与和合作。开展创造性教学。创造性教学就是运用创造学的有关理论和方法，在教学活动中培养学生的创新素质的教学方式。它把目标直接定位在创新素质的培养上，鲜明地体现了教育创新的要求。

4. 要主动参与到课程创新的全过程中来

教师是课程改革与创新的主力军，是课程改革与创新能否成功的关键。美国 20 世纪 60 年代课程改革失败的重要原因之一是教师水平跟不上。国家和地方制定出的课程属于预期课程，它要通过教师的实施，才能变为学生实现的课程。所以，教师必须对课程编制者的意图有清楚的理解和把握。美国课程论专家施瓦布提出了一种课程编制的"集体审议制度"，其目的就是要解决教师在课程创新中的地位问题。20 世纪 60 年代，英国课程论学者斯坦豪斯提出了一种关于教师在课程发展中的作用的观点，即"视教师为研究者"，随后这种观点推广到全世界。20 世纪 70 年代，德国受此观点的启示，发展了一种课程过程的"教师中心组织"的模式，将教师的作用与行为的变化，视为课程发展的"主体"，也就是说，教师的作用由原来的"课程实施者"变为"课程发展的研究者和直接参与者"。在他们的课程创新中，一方面重视教师的参与作用，教师直接参与课程发展的全过程，另一方面，课程改革与师资培养同步进行。他们的做法很有借鉴价值。

从一开始就要让教师参与到课程编制中来，课程目标的确定，课程内容的选择、编排，教材的编写，课程评价等各个环节，都应该主动参与进来，使教师能更好地把握课程创新的实质。我国以往的课程改革，大都是让教师游离于课程编制之外，等到课程编完之后，再对教师培训，以便课程的实施。实践证明，这种方式很难达到课程的创新目的。因此，教育创新课程体系的建构，必须教师必须主动充分参与。

第三节　教育评价的创新

自 20 世纪 80 年代以来，中国教育界开始关注教育评价，并大量引入了西方先进的教育评价思想与举措，同时注重自我消化、运用与创新。然而，站在新世纪的起点，反思过去，剖析教育评价理论上的局限，审视教育评价实践中的问题，展望未来，确定教育评价创新的意义，研究教育评价观念创新、教育评价标准创新与教育评价方法创新，无论对培养个性充分的、自由的、和谐的、全面发展的新人，还是对教育的进步、社会的发展，都具有十分重要的意义。教育评价的创新是教育创新的一个重要组成部分，也是教育创新能否实现的一个重要验证基准。

一、教育评价的含义和特征

何为"教育评价"？不同的教育评价流派，不同的教育评价模式，有不同的界定，可谓仁者见仁，智者见智。美国教育评价标准联合委员会的"评价乃是有系统的评估某一现象的价值或优点"的定义较为科学。

具体而言，在评价某一事物时，应该也必须从五个方面判断其价值或优点。一是评价服务需求者的期望；二是评价服务的"优点"或"卓越程度"；三是评价服务的"需求程度"；四是评价服务的可行性；五是评价服务的公平性。教育评价是人们依据一定的目的和标准，有系统地对教育存在及其相关因素和方面所作的价值判断。

具体说来，教育评价具有以下特征：

1. 相对性

这是指教育评价的对象即教育存在是复杂的，某一教育存在的出现或发展往往受各种因素的影响与制约。应特别指出的是，教育存在的对象与教育评价的施行者都是具有主体性的人。换言之，教育存在是一种主体性事实，是受主体支配的，这就决定了教育评价的相对性。对同一教育存在的价值，不同的主体会有不同的评价，而且同一主体在不同的时间里也会有不同的评价。尽管真理具有普遍性，但是人们对教育存在的认识只能逐渐接近绝对真理，不可能达到绝对真理，任何时期的教育评价也只能是相对的，而不是绝对的。

2. 规范性

任何评价都需要有科学的衡量标准或尺度。只有借助某一标准，评价者才能确定教育存在的哪些部分符合这个标准，什么教育存在有价值。教育评价争论的本质，就是关于教育评价标准的争论。教育评价标准是教育评价规范性的具体体现。基于此，教育评价的创新，必须考虑如何在教育研究中建立共同认可的教育评价标准，并在教育评价实践中准确落实与遵守这一规范。

3. 系统性

这是指教育评价必须从整体的、全面的、发展的观点出发，考虑到教育评价的各种组成要素及其相互关系。譬如，教育评价实施中的要求有很多，如在判断教育存在时应该遵循什么标准，应该参照什么价值，能否使用比较，教育评价的功用是什么等等，这些都需要认真加以研究与探索。此外，在教育评价中还必须考虑教育存在的背景因素、教育存在的过程因素、教育存在的时空因素等等。一句话，教育评价只有达到系统性，才有科学性可言，也才能具有真正的可操作性。

4. 功用性

这是指教育评价的基本功能或作用。概言之，教育评价的功用，一是诊断功用。可以对教育存在中的问题加以提示和分析，以使评价服务者对此有清醒的认识，并设法纠正和补救。二是导向功用。可以对实际的教育活动进行定向引导，发挥教育评价的价值判断作用。三是鉴定功用。可以对教育评价客体与评价指标的适应度加以区分和认定。四是选择功用。选择功用，又叫"筛选功用"，是指在鉴定的基础上，可以对符合某种程度和标准的评价对象进行筛选。五是改进功用。教育评价既可以使教育者随时调节教育评价方案，使之更适用于对相关教育评价对象的评价，又可以反馈给被评价者，使之改正自己的教育言行。六是启发功用。这是教育评价能够积累大量的教育评价资料，为教育研究提供素材和课题，从而为最终提高教育水平做出贡献。七是创造功用。教育评价能够促进受教育者创造素质的提高。

5. 创新性

教育评价具有突破原有的旧的教育评价观念与行为，创造新的教育评价观念与行为的特征。无论是教育评价的定义，教育评价的功用，教育评价的目的，教育评价的观念，教育评价的标准，教育评价的方法，都必须从创新的视角随时随地加以改变。《易经》曾指出："苟日新，日日新，又日新。"这是对世上万事万物的要求，也是对教育评价的要求。

二、教育评价创新的内容

1. 教育评价标准的创新

教育评价要具有诊断、导向、鉴定、选择、改进、启发与创造等功能，达成教育评价的终极目的——促进个人的全面发展，从而提高国民素质，最重要的是制定评价标准，否则就无法进行价值判断，无法确定教育存在的优劣，因为标准是进行价值判断和确定成败的依据。

所谓教育评价标准，是指教育评价者确定教育存在状况，进行价值判断所依据的衡量尺度。这个尺度能告诉教育评价需要者教育存在的进展情况和达到的水平。教育评价标准无论是彰显的，还是潜隐的，都是教育评价得以进行的逻辑前提与实施依据。

教育评价创新的标准包括：一是需要性，即必须符合社会发展、人的发展与教育发展的需要；二是新奇性，即必须是新鲜的与独特的，而不是陈旧的；三是全面性，即要求创新包括观念、制度与物质三个层面的创新；四是革命性，即必须破旧立新；五是本土性，即特别强调教育评价标准创新必须植根于中国现实的土壤，立足于中国教育的沃土；六是长期性，即要求创新必须注意前瞻性、发展性与长新性。只有如此，教育评价创新的标准才有可能得到真正的构建。

成立专门的教育评价标准设计机构。这是设计教育评价标准必须的，现在一般要求教育评价标准设计小组的成员应该由教育评价中的各种角色代表组成，不能和过去一样只由教育评价人员组成。

确立和分解教育目标。教育评价无论怎么变化，其目标必须与教育总目标相一致，并为达到教育总目标服务。因此，确立和分解教育目标，就成了教育评价标准设计的一个重要步骤。从创新的视角看，教育目标的确立与分解一般要求做到：准确性，要求对教育目标内涵与外延的理解清晰、科学；适当性，要求对教育目标的分解适度，既不能过也不能不及；具体性，要求对教育目标的分解细化，必须达到可操作性；创新性，要求用创新的精神去思考和分解教育目标，这是教育评价标准创新的关键。

教育评价标准的论证。教育评价标准具有明显的导向性，影响着教育工作的开展，既可以起推动作用，也可以起损害作用。因此，教育评价标准在运用之前，首先要求教育评价专业人员根据教育评价的原则和制定教育评价标准的根本要求加以科学论证，并注意论证的方向性、可行性与创新性等。其次，要求广泛征求各方面的意见，以使教育评价标准日臻完善。

教育评价标准的试行与修订。草拟的教育评价标准基本确定之后，应择取有代表性的单位试行，以便及时发现问题，加以修订。修订的范围一般包括评价项目、评价等级与评价方法等。只有在试行修订后，教育评价标准才能正式使用。应特别指出的是，教育评价标准经过论证与广泛征求意见后，在实践中还会出现一些问题，因此，必须树立"未成可成，已成可革"的观念，持之以恒地进行变革，教育评价标准的创新才能真正实现。

总之，教育评价标准的创新应该坚持做到：一是指向创新。也就是说，教育评价标准设计的宗旨在于创新，而不在于维持；在于标新立异，而不在于抱残守缺。二是起导引作用。传统的教育评价标准过分重视适应与结果评判，教育评价标准的创新注重站在超前的位置建立评价标准，导引教育评价，进而导引教育向着创新的方向迈进。三是关注内化。教育评价标准创新的目的在于使创新意识深入人心，内化于每个人的心灵，外化为人的创新行为。四是重视实践。教育评价标准的创新，一方面要立足于实践，另一方面要为实践服务。社会在发展，人类在进步，任何一种教育评价标准都不是静态的，而是动态的。

2. 教育评价方法的创新

教育评价方法足以教育存在的部分或全部要素为对象进行价值判断所采取的活动方式、程序和手段的总称。它来源于教育评价实践，又在教育评价实践中起到十分重要的作用。任何教育评价都必须通过教育评价方法才能实现。

张武升博士认为，教育改革方案评价及与之相对应的评价指标和方法分别是：背景评价，其评价指标是物质条件、人力条件与动力学条件，其评价方法是诊断性评价方法；投入评价，其评价指标是实际所用的物质条件、人力条件与时间条件，其评价方法是"投入产出"评价方法；过程评价，其评价指标是改革过程的计划性与灵活性、连贯性与紧凑性、创造性，其评价方法是形成性评价方法；结果评价，其评价指标是预定目标达成的结果、非预定日标达成的结果与"负结果"，其评价方法足终结性评价方法。

课堂教学评价方法的创新，也正引起许多教育理论工作者与实际工作者的重视。在素质教育的全面推进中，课堂教学起着十分重要的作用，其主阵地的位置并没有改变，因此，如何评价一堂课成了必须研究的问题。在素质教育的大背景下，课堂教学评价方法应该重视从以下几个方面去思考创新。

一是目标设计。要求除了继续进行双基教学之外，课堂教学目标设计应该重视发展学生的整体素质，尤其是关注培养学牛的创新精神与实践能力。

二是师生关系。要求做到民主、合作与互动。其中互动指思维共振、情感共鸣与活动默契三方面。

三是独立学习。教是为了不教。未来的文盲不是目不识丁的人，而是不会学习的人。教师应该把教室变为学室，把讲堂变为学堂，教给学生学习的方法，而不是单纯传授知识，这是课堂教学评价的重要标准。

四是语言表达。当今的课堂教学评价，要求从多方面对教师的语言表达加以评价。其中包括：内部语言，即思维语言；外部语言，又包括口头语言、书面语言、体态语言与机器语言等。

五是教学节奏。要求课堂教学节奏：缓急有序、动静相生、疏密相间、起伏有致、详略得当、有张有弛、收放自然、浓淡适度、抑扬顿挫、随机应变。

六是质量效度。既要重视对教学质量的评价，又要重视对教学数量的评价，还要重视对教学适度的评价以及对教学效果、效率与效益的评价。

七是教学风格。要求课堂教学评价重视对教师教的风格与学生学的风格的认知与评价。

八是高峰体验。所谓高峰体验，布卢姆认为是师生在教学过程中达到认知与情感交融成一片的最高学习境界；马斯洛理解为，可让心灵净化、视觉满足、精神愉悦的活动体验。无论如何，课堂教学评价必须重视对学生与教师高峰体验的研究。

应特别指出的是，教育评价方法的创新，要求教育评价专家敢于对现有的教育评价方法加以剖析与批评。只有如此，教育评价方法的创新才有可能实现。任何一种教育评价的创新，都需要教育评价方法作相应的创新，否则，教育评价创新就是一句空话。换言之，教育评价的创新，要求教育评价人员对于现有的教育评价方法加以批评，要求教育评价人员对于教育评价方法加以创新。

三、教育评价创新面临的问题

当前，在教育评价创新上最严重的瓶颈莫过于教育评价理论研究上的局限。换言之，尽管教育评价研究已有些年头，但是从孤立的、静止的和片面的观点看问题的研究，仍占教育评价理论研究的大部分，教育评价中的许多理论问题迄今仍没有得到合理的解决。

理论性与本土化的研究少。迄今为止，尽管有关教育评价的文章与论著不断问世，但是理论性强的研究并不多。这主要表现在：一是对教育评价的一系列基本理论问题缺乏深入的研究。例如，对什么是教育评价，什么是教育价值，如何判断教育存在与价值的关系等，都缺乏足够的研究。二是对教育评价本土化的研究不够。很多所谓的研究，事实上只停留在引介水平上，对中国国情考虑过少，甚至在部分学者中存在盲目崇洋的心态和过分依赖西方资料的现象。当前，如何达到教育评价研究本土化，即达到"其实质意义乃是教育学者的一种知觉与反省。这一知觉与反省使我们早日摆脱对西方的依赖，而更有自信地从事本身的创造性工作"的目标，真正做到教育评价研究选题本土化、教育评价工具本土化与教育评价建构本土化，就成了教育评价理论研究的新课题。

过分追求量化。为了取得教育评价的良好效果，应该适度运用量化，但是量化本身并不是目的。教育评价是否科学并不取决于是定性还是定量，而在于是否深刻地反映了教育的本质属性。过分追求量化之所以存在问题，一是因为把教育视为暗箱或孤立的实体；二是因为忽略了研究者的主观性，事实上量化也受研究者思路的主宰以及不当分析与比较的影响；三是忽视了教育评价的根本目的，易犯以方法引导研究的错误；四是忘记了任何一种测量工具都有其缺陷的常识。

教育评价理论研究上的局限，尤其是不求甚解的理论介绍或错误的理论引入，不仅不会给教育评价实践带来一点好处，而且会带来一系列问题，甚至会影响人才的培养，对教育工作产生误导作用。这是教师必须注意的一种倾向。

教育评价不是被用作实现教育目的的手段，而是越来越多地被用作竞争与甄选的工具。这是教育评价的一大失误，更是教育的灾难。教育评价的误用，一是严重地压抑了学生的心灵；二是使学生家长背上了沉重的包袱；三是使学校过分重视教育评价结果的改变，最终导致教育偏

差的产生。这种对教育评价的误用是必须纠正的"无论如何，把评价用于形成儿童的人格这个本来的教育目的，是很重要的。"

西方的教育评价流派可以说是异彩纷呈，各种教育评价模式更是举不胜举。它们各有各的理论基础，各有各的提出背景。不顾中国的国情或本地的具体情况，生搬硬套西方的教育评价理论或模式，是我国教育评价理论研究中的一大问题，但更大的问题是人们对西方教育评价理论的误用。如标准化测验本是西方较有影响而且效果也较好的教育评价技术，在我国却被误认为就是客观性考试，而忽略了标准化考试中最根本的也是最应该加以重视的常模的建立等。

四、教育评价创新的策略

1. 创新教育评价的着眼点

开展创新教育评价，一定要有科学性和针对性。一方面，创新教育评价不仅要测量学生的创造力，而且要从教育目标、教育过程、教育资源等各方面分析影响创造力成长的各种因素。创造力测量是对创造力进行数量上的测定，而评价是根据教育目标对创造力测量结果给予价值上的分析和判断。"教育评价之父"、美国俄亥俄州立大学教书泰勒一名学者毕比则把评价定义为："系统地收集和解释证据的过程，在此基础上做出价值判断，目的在于行动。"进行创造教育评价，必先抓住教育评价的"价值判断"这一本质特征。某个学生的创造力如何，可以通过测量，得出该生的成绩，但这个结果只是描述，并没有进行价值判断。事实上，只有把这个结果与这次测验的难度、效度、信度，与全体学生的情况以及该生的创造性个性、学习条件、基础联系起来，才能进行全面分析和综合评定，才能看出这个结果的实际价值。换句话说只有通过创新教育评价才能将定量的测定与定性的描述结合起来，才能解释事实。

另一方面，开展创新教育评价必须考虑到中小学生的发展特征。中小学生思维非常活跃，想象力十分丰富，但从整体上讲，不能过高估计他们的创新水平。

中央教育科学研究所所长阎立钦教授在全国创新教育研讨会上就曾说过："我们要求中小学生达到的创造与诸如科学家、艺术家所从事的那种意义上的创新是有所区别的。前者是指通过对中小学生施以系统的教育和影响，使他们作为独立个体，能够着手发现、认识有意义的新知识、新事物、新思想和新方法，掌握其中蕴涵的基本规律，具备相应的能力，为将来成为创新型人才奠定全面的素质基础。"所以，开展创新教育评价，不能仅仅从他们"工作样本"来衡量，重要的是考察中小学生创造力的潜质和创造力的成长，考察创新教育的条件和过程。

2. 合理选择中小学创新教育评价方法

由于创新教育是一种综合性的革新活动，所以全方位进行中小学创新教育评价，应综合运用多种方法。

既要肯定总结性，又要重视形成性、诊断性评价。早期的教育评价多是评价教育目标的程度，一般安排在教育活动结束之后进行，这就是总结性评价。应用到在中小学创新评价上，这种评价主要考察学生的创新成果，测量学生的创造力，但由于它不能提供教育过程中的反馈信息，因而不能直接起到优化创新教育过程的作用，正如北师大董奇教授所言，"现代的儿童创造力测量方法大多是以问卷形式施测，从产品、结果去研究创造思维及其过程，因此，比较难以探讨创造思维进行的过程和条件。"

斯克里文指出：除了总结性评价之外，还应有一种在教育过程中进行评价，其评价目的主要是提供大量的反馈信息，用以调节、控制、优化教育过程，创造更加适合教育对象的教育。我们将这种评价称之"形成性评价"。目前，它已受到普通重视。

根据评价在教育过程中的作用不同，还有另一种评价方式——"诊断性评价"，这是在学期教学开始或一个单元教学开始时对学生现有水平的评价，它有利于弄清学生创新素质、创造的特点、优点与不足，便于更好地实施创新教育，因材施教。创新教育评价的目的不在于"证明"而在于"改进"，因此更要重视形成性、诊断性的评价。

3. 相对评价简洁易行，但绝对评价有助于归因和改进工作

相对评价是用常模参照性测验对创新教育成果进行评定，它依据教师（或学校）的成绩在该班（该校）成绩序列中或常模中所处的位置来评价和决定工作优劣，而不考虑到是否达到目标的要求，也称为"常模参照性评价"。

相对评价适用于在一所学校或相对较小的范围，评价结果便于比较，方法简洁易行。

绝对评价则是用目标参照性测验进行评价，它依据创新教育的目标和教学内容编制评价问卷来进行，由于它主要判断是否过到预设目标的要求，又称为"目标参照性评价"，它适用于较大范围，评价结果可作为评选先进的依据。

由于相对评价主要依据被评者在团体中的"排名"来进行的，不考虑是否达到目标，所以有一定的局限性。而通过绝对评价，可以找到教育效果高低、得失的原因，评价结论可信性强，也有助于被评对象改进工作，因而中小学创新教育评价应该侧重于绝对评价。

4. 侧重于校园评价，适时组织社会力量评价

中小学创新教育如何评价，确定评价组织十分重要。一般可由管理部门聘请教育科研院所的专家学者和用人部门组成专家组直接进行评价，在这种非当事人实施的"社会力量评价"中，由于专家组人员相

对比较超脱，同被评对象无直接厉害关系，又多系知识界权威，了解创新教育领域的全面信息，对提高创新教育评价的客观性十分有利，但这类评价多用于总结性评价，因而如何通过评价改进工作是亟需研究的课题。

而经常性地组织校园评价（包括同行评价、自我评价、领导评价和学生评价）是解决这个问题的有效办法之一，因为校园评价人员为"自己人"，较少掩盖真相，这种评价易于安排，操作相对比较方便，也便于相互交流，彼此促进。因而，笔者认为目前创新教育评价应侧重校园评价。

5. 侧重于目标及过程评价，同时考虑到条件评价

中小学创新教育应侧重于目标评价和过程评价，因为目标设置得是否科学，是否合理是提高创新教育效能的前提，而取得良好的结果又必须有最优化的过程。研究表明，创新教育过程包括教育者、受教育者、教育内容和教育方法四个基本因素，评价可以从这四个因素入手，着重考虑它们的状态。

与此同时，创新教育还必须考虑条件评价，因为条件状况在很大程度上决定了目标的设置和教育过程的运行情况，中小学创新教育不是无条件的，它受着多方面的影响，例如学校经费的投入情况、领导的重视情况、情报资料拥有的情况、学术信息的交流情况、专家的指导情况、家长的配合情况等等。

因此，学校创新教育评价不要绝对地比较效果高低，要尽量地找出影响中小学生创造力及其成长的"自变量"与"因变量"之间的关系，这样通过评价也可以有效地促进学校创新教育的条件"装备"，进一步推进创新教育的深入开展。

第三章　教学策略的创新

教学策略是实施教学过程的教学思想、方法模式、技术手段这三方面动因的简单集成，是教学思维对其三方面动因的进行思维策略加工而形成的方法模式。教学策略是为实现某一教学目标而制定的、付诸于教学过程实施的整体方案，它包括合理组织教学过程，选择具体的教学方法和材料，制定教师与学生所遵守的教学行为程序。

教学策略的创新是指以培养学生的创新意识、创新精神、创新能力为目标，对现行的内容、模式、方法、手段中不利于学生创新意识、创新能力培养的方面进行调整、改革，通过对教学要素的重组整合，营造有利于学生主动学习的课堂环境，提供给学生主动学习的条件与机会，引导学生自主发展。教学策略的创新不可能有现成的样板与模式，它有赖于教师在教学过程中的创造性劳动。

第一节　教学策略的创新

课堂是学生创新精神成长的主要园地，学校教育的任务主要是通过课堂教学来完成的，所以推动课堂教学的创新对于学生创新精神的培养是至关重要的。在创新性的课堂教学过程中，要采用一些具体的策略，以营造一种创新性教学的氛围，保证创新性教学目标的实现。

一、营造自由安全的教学氛围和环境

心理学研究和实践证明，自由、宽松、安全的气氛可以使人的智慧得到最充分的发挥。教育可以成为创新的摇篮，也可以成为创新的坟墓。那种不民主的、压抑的教学气氛是窒息创新火花的主要因素。

在课堂教学中对于学生积极主动地参与教学的行为，教师要做到三点：一是爱护和保护。要善于发现学生的所有的潜藏的积极因素，包括他们的好奇心、求知欲、探索精神和创造的品质并加以热心地爱护和保护，二是帮助和培养。帮助学生自主学习、独立思考，培养学生的探索精神和创新思维。三是开发和扶持。开发学生的禀赋与潜能，对他们的创新成果给予积极的肯定和扶持，鼓励他们努力探索、努力发现、努力创造。对学生的探索性行为，教师必须以下列几点为原则，即：尊重学生提出的古怪问题；尊重学生的别出心裁的念头；让学生知道他们的观念是有价值的；不时让学生做些事，但仅仅是为了练习，而不进行评论。

在营造创新性教学氛围时要做到公开地向学生表示，他们的好奇心、探究性行为以及任何探索倾向，都是值得肯定的。当学生对一项活动感兴趣并非常高兴时，要允许他们按照自己的想法活动。如果学生愿意的话，要让学生自己开动脑筋想办法，气氛要轻松活泼，不反对猜测，特别是猜测具有一定道理的时候。民主、平等、和谐的师生关系，是营造自由安全的教学气氛的前提，而改善师生关系关键在教师，在教师的教育观念。

二、为学生提供主动探究、独立学习的最大时空

学生的创新能力并不是教师教出来的，而是通过学生自己不断地探

究、体验而形成的。而目前的课堂教学普遍存在教师"一言堂"、"满堂灌"、"满堂问"的现象，这种课堂表面看来热闹非凡，但实际上绝大多数学生没有机会参与教学，只有少数学生能够呼应教师的教学。这种教学状况是绝对不能培养学生的创新素质的，必须从根本上改变，最大限度地把时间与空间还给学生，让学生在主动探究、独立学习中逐渐地形成创新能力。能否做到这一点，决不是个简单的方法问题，而是关系到能否在教学中真正贯彻以学生为主体原则的根本问题，必须引起足够的重视。

三、创设创新性的问题情境

创新源于问题解决，学生创新能力的形成离不开一定的问题情境。问题情境是指教师在教学中创设的围绕提出问题、解决问题而形成的一种氛围。问题情境有利于培养学生的问题意识，而问题意识是创新的前提。

如何创设问题情境呢？国外流行的"问题为本"的教学方式，能够较好地解答这个问题。这种教学方式的基本程序是：参照课程标准，确定教学目标；辨别能够达到这些教学目标的问题，也就是思考借助哪些问题可以达到这些预定教学目标；澄清与问题有关的事实与前提，也就是思考问题的背后有什么事实和包含什么样的观念，学生已有的经验中是否有了对这个问题的初步认识，问题涉及的内容是否属于课程标准的重点；从这种分析和评判出发，为学生提供不同的材料供他们探究；学生在教师的启发下自主地进行探究；从对问题的理解出发去解决预设的问题。

在创新性教学中，除了教师应该创设创新性的问题情境外，更重要的是教师要鼓励和教会学生自我提问。自我提问是一种重要的精加工策略，就像指南针一样，能不断为学生的思维之舟指明航向。

四、注意从多方位、多角度对学生进行思维训练

创造性思维是多种思维方式的综合体，教师不能简单地把创造性思维等同于发散思维或者是别的什么思维。创新的过程既需要发散思维，也需要聚合思维；既需要抽象思维，也需要形象思维；既需要直觉思维，也需要分析思维。任何一种创新都不是单一思维方式所能达到的。阿基米德定律的发现决不仅仅是凭着阿基米德瞬间的顿悟为他开启了思维之门，接着的是严谨的逻辑思维。因此，在创新性教学过程中，教师必须注意从多方位、多角度来训练学生的思维。除了让学生知道"是什么"之外，还要注意让学生思考"还能够是什么"，也就是说可供选择的还有什么。不把学生的思维局限在"一"上，而是努力促使他们去探索"多"。除了训练严谨的逻辑思维外，还要创设情境，提供材料，训练学生的直觉思维、形象思维。

五、改革现行的班级授课组织形式

集体授课形式是标准化、批量化的工业时代思维模式的产物。这种教学组织形式阻碍学生的个性发展，不利于创新素质的培养。因此，必须改变这种集体授课的组织形式。要更多地采用个别学习、合作学习的教学组织形式。合作学习是 20 世纪 70 年代在美国兴起的一种学习组织形式。实施时，先将学生分成若干小组，每组由 2~6 名能力、性别不同的学生构成；然后以小组学习为主要形式，采用某种合作程序，引导学生在学习过程中协同活动，互相帮助，共同进步。

第二节 教学情境的创新

课堂创新教学情境的创设，有助于增加学生的心理安全感和自由

度；有助于构建和完善学生创新的动力系统；有助于学生创新思维和创新人格的培养；有助于学生优良的情感品质和人文精神的养成；有助于教师转变教育观念，投身创新教育改革。认识创新教学情境的功用、了解创新教学情境的创设要求、把握创新教学情境的创设原则、学习创新教学情境创设的程序与策略、掌握不同类型创新教学情境的创设方法，对于创新教学能力的培养是十分重要的。

近年来我国推行的新课程改革运动，是知识教学的重大变革，从实质上来说，并不是只限于知识的学习与掌握，而是包含知识、能力、个性等各方面素质的整体培养与提升。新课程教学提倡遵循情境化学习原理，设计真实、复杂、具有挑战性和开放性的教学情境，引导学生体验、探索和发现活动，创设知识与现实、接受与探索、能力与发展的和谐统一。在课堂教学中，通过丰富、科学的情境的设置与运用，使学生更好地掌握知识与技能，发展思维和想象，培养创新精神和能力。

一、创新教学情境的含义

课堂教学情境，是指教学场所（教室、实验室、活动室等）的具体环境和教学内容、师生情绪、情感等所构成的精神氛围，是"情"与"境"的融合。

古代传统教育不甚重视教学情境的创设，重在"死记硬背"，甚或"知其然而不知其所以然"，更谈不上师生间的情感交流与互动。就是到了近代，人们仍然认为知识是经验的总结，概括性的知识本身就反映了具体情境的"本质"，学习的知识可以自然地迁移应用到日后的真实情境中。事实上并非如此，所谓"高分低能"就是一个明证。

现代的课堂教学观认为，抽象的概念化的知识，以传统的教学方法传授，学习者今后往往无法适应具体情境的变化，常常难以用课堂上学习的知识来解决现实世界中的真实问题。忽视学生学习过程中的情境体

验，将影响学生知识的掌握和灵活的运用。在提倡创新的当今时代，更
暴露出了这种教学方法的陈旧和落后。

二、创新教学情境的功能

1. 增加学生的心理安全感和自由度

围绕学生创新能力发展这一主旨，我们认为良好教学情境的创设，
能够增加学生的心理安全感和自由度。因为，只有在适宜的环境和条件
下，学生的创新潜能才能被激活和释放。传统的教育观认为教师"闻道
在先"、"术业有专攻"，学生则是未知或知之甚少的被教育对象，这样
就自然而然地形成教师中心主义和权威主义，学生则失去了自我，失去
了参与教学过程的积极性。学生时时担心的是听不懂、回答不了或不会
做，生怕受到教师的批评或指责，缺少课堂中的安全感。而良好的教学
情境，则为学生创设了一种和谐、自由、充满活力的民主氛围，使学生
在课堂中感到自由和舒适。在这种"心理安全"和"心理自由"的条
件下，学生的创新精神也才能获得最大限度的表现和发展。

2. 有助于构建和完善学生创新的动力系统

个体创新能力的形成和发展，很大程度上取决于以需要为核心，以
兴趣、动机、意志为内容的动力系统。良好的教学情境以特定的教学方
法和行为引发学生探索、创新的需要，推动学生去创造性地学习和思
考，充分地开发自己的潜能。兴趣作为构成动力系统的重要方面，是个
体探究某种事物的认识倾向。创新的教学情境能使学生体验到学习的乐
趣，从而引发探索的欲望，点燃创造的火花。动机是培养创新能力的重
要条件，创新动机是推动个体创新行为的内部动力。教师创设的创新教
学情境，一方面有助于激发学生的内在动机，保护学生的好奇心和探索

精神；另一方面能够创造条件，使创新的外部动机转化为内在动机，使课堂教学洋溢在创新的氛围之中。

3. 有助于学生创新思维和创新人格的培养

创新教学情境的构建有助于打破学生因循守旧、墨守成规、依赖书本、服从教师的课堂习惯，敢于大胆怀疑，敢于标新立异，破除"唯书"、"唯师"的传统陋习。精心设计和营造的教学情境可有效地培养学生思维的敏捷性、变通性、求异性和独特性，并可帮助学生树立面对困难时坚忍不拔的创新精神，养成良好的创新习惯等创新活动所需要的人格品质。

4. 有助于教师转变教学观念，投身创新教育改革

对于教师来说，创设创新教学情境的过程，也是自身学习创新教育知识、树立创新教育理念的过程。新课程改革强调教师在建构主义学习理论指导下的教学活动设计，不仅要分析考虑教学目标、学习者特征和教学工具的使用，还要考虑构建有利于学生知识学习和能力培养的教学情境，这就对教师的教育思想、教育观念、教学的组织形式、教学的手段与方法提。新的要求，促使教师认识创新教育，投身创新教育，并按照创新教育的要求，不断优化自己的教学行为。

三、创设课堂创新教学情境的一般原则

1. 目标性原则

课堂教学总是要完成一定的教学目标，任何教学方法与手段总是为实现教学目标而服务的。同样，教学情境的创设必须围绕课堂教学目标和内容来进行。教学目标包括知识与技能、过程与方法、情感、态度与

价值观等方面，因此，创设一个好的教学情境，教师首先要了解和分析学科课程标准中相应阶段内容和教学目标在本课教学中的具体情况，这样才能"有的放矢"，使创设的情境真正为教学服务。

2. 开放性原则

教学情境不应只是一种单纯的展示，而应是一个开放的教学空间。理想的教学情境应使学生能够利用已有的知识经验去自由地感受和体验，心态是开放的、不受束缚的，学生的情境体验甚至可以不受教材以及教师的知识视野的约束，这才能启发学生的创新思维与想象。情境教学中，教师应重视对学生进行开放性的思维训练，不轻率地否定学生的求异思维和探索。教师的教学方法应同样具有开放性，不拘泥于单一或预定的教学形式或方法。总之，唯有开放才有创新，教学情境不应是一种新的形式上的框框。

3. 参与性原则

美国教育家彼得·克莱恩认为学习的三大要素是接触、综合分析、实际参与，而实际参与是教学设计的最高水平。对于青少年学生来说，参与活动能更好地激发他的兴趣与动机，在活动中得到发展。参与教学，可避免教师把现存的知识生吞活剥地照搬给学生，能启发学生思考、质疑，鼓励学生去主动求知，并在求知的过程中学会学习，学会创新。

4. 现实性原则

教学情境的创设与应用要避免理想化倾向，以免"曲高和寡"，又成为新一种形式的教师"独角戏"。不同年龄段学生的心理特点、认知水平和思维方式都有所不同，甚至同一年级不同班学生的学习行为也会有所不同。设计情境时要求教师要根据学生的具体情况来设计，尤其是自主学习、角色扮演、合作交流等情境中，教师更要把握学生特点，灵活运用各种方法来刺激学生、调动学生，才能使学生在不知不觉中主动地融入教学情境，从己知和浅显的内容里不断地悟出未知的深邃内容。现实性原则还要求创设的教学情境应具有鲜明的形象性，学生如身临其境，可见可闻，产生真切感。

5. 激励性原则

创新教学情境应给予学生成功的喜悦，并从成功中获得激励，从而增强创新的动机、热情和信心，积极主动地去追求新的成功。要保持创新教学情境的动力功能，教师还应给予学生获得评价性刺激的机会，多肯定学生独特的个性化的感受，即使有错误，也要给予发展性的疏导。教学情境的设计要注意使学生能够享受到成功的体验，把握好一定的难度和深度，这样学生才会树立自信，追求一个又一个新的成功。应当认识到，自信也是学生毕生发展的人格特征中的重要部分。

6. 时代性原则

一方面，教师自身应跟上迅速发展的时代潮流，创设的情境应该具有时代感，具有浓厚的时代气息。在当今的信息社会里，传统的"前喻文化"（即知识文化、价值观念由教师流向学生的单向型）作用减弱，"同喻文化"（即知识文化、价值观念在师生间互相渗透、对流）作用增强，学生可以通过多种渠道获得大量的信息，智力发展水平也有很大的提高，教师应深刻地认识到这一点。另一方面，教学内容与教材总是相对滞后于时代的，所以，教师在教学中应当有自己的思考，而不能囿于教材和传统认识。只有努力创设富有时代感、与学生的生活实际紧密联系的教学情境，才能引起学生的共鸣，吸引学生的参与，并取得实际的教学效果。

四、创新教学情境的环节

如同教学模式一样，不同的教学目的和教学内容，教学的形式和方法也就有所不同，同样，不同的教学情境，在创设环节上也各有不同。但通常情况下，创设一个较为完整的教学情境一般须经过以下几个环节：

1. 明确教学目标，分析教学内容

在构思教学情境之前，教师须认真分析学科课程的教学内容，明确该学科的教学目标，包括知识、技能的教学目标和能力、素质的培养目标。在此基础上，还要具体分析、明确每一节课在学科课程标准中的作用及学习要求，并学习、研读有关课程中相应的教学和评价建议。这样才能从宏观与微观上把握教学内容，明确目标要求，为教学情境的构建打下必要的基础。

2. 钻研教学资料，构思教学过程

教师应仔细学习、研读教材、教参等相关教学资料，有时甚至包括相关学科的资料。按教育学的要求，教师钻研教材要达到"懂、透、化"的程度，对教学内容要清楚明白，对教材结构、重点和难点以及知识的逻辑结构要牢固掌握，并要将教师的思想情感与教材的科学性和思想性溶化在一起。在此基础上，初步设计教学过程，注意考虑如何引导学生积极主动地参与到学习过程的深层次中去。

3. 深入了解学生，获取教学素材

学生是教学活动中的主体，如果教学不针对学生的具体情况进行，那么这种教学就是"目中无人"或"无的放矢"。教学情境是为学生的

学习服务的，因此，教师应深入了解学生原有的知识与技能基础，他们的学习兴趣、需要及习惯性的学习方式。只有这样，教师才能获得与教学设计相关的素材和信息，找到与教学要求相符合的创设情境的途径和方法。

4．精心设计情境，写出教学方案

在这一环节，教师要围绕教学目标和学习内容，设计出具体、实用的教学情境和师生的行为活动。包括教学的组织、活动的展开、过程的要求等，并编制出具体实用的教学方案。教学情境的设计，应尽可能使教学内容"活"起来，并应符合学生的认知特点，这是一个对教学内容进行艺术加工和再创造的过程，需要教师以先进的教育理念为指导，理清思路，形成可操作的教学方案。

5．作好教学准备，事先设有预案

情境教学的准备工作有时比较繁杂，因为教学情境的创设往往需要大量的信息资料或设备、手段，教学资源的开发与运用对教师来说往往须要投入较多的时间和精力，这一过程，是传统的讲授式教学所不可比拟的，教师应克服以前的习惯定式和畏难情绪。有必要时，课前还应进行练习或详细检查相关的准备情况。情境教学中我们强调学生是自由的，鼓励个性化的探索与求异思维。因此，教师充分估计和设想可能出现的意外或特殊情况是必要的，并应尽可能做出应对的方案。当然，这种预计往往是不全面的，具体的教学过程还需教师根据教育经验，针对实际情况做出适当处理。

五、培养活动类教学情境的创设能力

活动类教学情境可细分为实验类、游戏类、制作类、生活场景类、角色扮演类、探究体验类等。这类教学情境以活动为依托具有可操作性。创设良好的活动类教学情境，能有效促进单调、呆板的教学方式的改革，激活学科教学的方法和思路，并使学生在活动化实践中更好地掌握知识和技能，促进综合素质的发展。

【案例】

教法一：

教师出示一根条形磁铁。

"磁铁能吸铁，是不是磁铁的每一处都能吸铁呢？"教师设问后，拿一根铁钉放在磁铁的正中间，学生惊奇地发现磁铁竟没有吸住铁钉。

"这说明什么？"

学生答：说明磁铁有些地方磁性强，有些地方磁性弱。

"到底磁铁的什么地方磁性最强呢？"

教师把条形磁铁平放进一堆铁钉里，拿起来，问："你们看到了什么？"

学生答：钉子都集中在磁铁的两端。

"这说明什么？"

于是学生毫不费力地得出"磁铁两端的磁性最强"的结论。之后，教师再拿出两根一模一样的磁铁，两辆小车，按照刚才"一步一个脚印"的方法，按部就班地进入磁铁的另一个性质的教学。

教法二：

准备的材料：两根条形磁铁，铁钉若干，装在透明塑料盒里的铁末、塑料末、铜钥匙、两辆小车等。

教师在向学生介绍完这些材料后，就说："下面由同学们自己去研究一下，磁铁有些什么本领？"

学生们迫不及待地动起了手，拿起一根磁铁到处碰，嘴里念叨着："能吸。""不能吸。"

当一位学生把一根磁铁接近另一根磁铁时，他似乎有了一些什么发现，激动地拉着旁边的同学："快来看。"

一女生默默地坐在那里，拿着装有铁末的透明塑料盒，把一根磁铁放在盒子下面，用手指轻轻地敲击盒子，她的眼睛突地一闪，又马上摇摇头，重新试了一次。

另外一个男生用手直拍头，并自言自语地说："这两辆小车有什么用呢？"学生的表现可谓是百人百面，点子很多，一有新发现，立刻就有别的学生照着试。

活动了一定的时间后，教师让学生停下，汇报各自的发现。学生逐一汇报了磁铁的本领，而且都能用自己的语言表达，就是对"同极相斥，异极相吸"这个性质，学生表述得不那么精确、明白，有点含糊。教师就指导学生利用小车再做一次实验，虽也有一些小争论，但意见很快就统一了。

【案例分析】

在教法一中，教师采用的是比较传统的教学方法，尽管有教师的提问和引导，但实质上学生还是由教师"领着走"，用不着动脑筋去思考和分析问题，学生的独立观察事物能力没有获得锻炼，学生失去了探索发现的主动性。

而教法二中，动手尝试和观察成了学生有所发现的启发创新精神的活动，学生发现的不仅仅是一些科学知识，更培养了探索能力，让学生体验到成功的愉悦，这对学生观察能力、思维能力的培养也是很有好处的。

活动类教学情境的创设有的需要一定的物质准备，如设备、器材、学生用具等，这些属于常规性的准备。教师更应关注的是精神层面的准备。教学活动的设计，要坚持新课程的"三维目标"观，突出活动情境的综合特征和功能。在具体活动中，学生的兴趣特别重要，否则，活动便难以顺利地开展。在活动类情境教学中，兴趣的首要任务是激励学生参与教学实践活动，只有学生自身的亲历、体认、感悟、反思，才有活动教学的有效价值。

在许多活动的实施过程中，师生都是在合作中进行的。我们强调创新教育的课堂教学"活动建构"理论，并不是"学生中心论"的重复，创新教育并不认为教师在幕后，完全放任学生活动是正确的，而是强调克服传统教学中无视学生及剥夺学生主体地位的弊端，既重视学生的主动参与和主体性的发挥，又将教师作用的发挥放在重要位置，倡导师生的合作与交流。

避免活动类教学情境创设中的几个误区：

（1）活动能力的培养和系统知识的传承失之偏颇

传统教学通常重知识的传授轻能力的培养，重结论、概念的获得而轻过程的体验，但我们倡导活动教学，并不意味着就要摒弃传统的知识传承，而是以更合理而科学的方式，帮助学生在掌握知识的同时发展能力，这是教学中所应注意的。

（2）对实践活动的科学内涵理解简单化

认为活动就是提高学生的学习兴趣、活跃课堂气氛，或仅仅是增加学生的感性认识，这是对教学实践活动的简单化理解。实际上，构建活动类教学情境，开展教学实践活动，其所要达到的目的和产生的作用是多方面的。在学习活动类教学情境的构建中，应拓宽和加深对这类教学方法科学内涵的理解。

（3）不能正确处理活动教学与课外活动的关系

在实际教学工作中，有的教师认为课堂中的活动教学费时太多，影响正常的教学活动，因此倾向于活动类教学安排到课外活动中进行。我们认为，课外活动固然也是学生获得知识、增长才干的重要途径，但与课堂实践活动还是有所不同的。学习活动类教学情境的创设，必须明确并处理好课堂活动教学与课外活动的关系，这样才能增强实践活动教学的载体功能，避免实践活动教学的无所作用或形式化。

六、培养问题类教学情境的创设能力

问题类教学情境的创设有助于激发学生研究、探讨的兴趣，使学生能积极、主动地探求知识。问题类教学情境在自然科学和社会科学的所有课程中应用广泛。在新课程改革理念的指导下，如何营造高质量的问题情境，是广大教育工作者面临的重要课题。

【案例】

据《京华时报》报道：2008 年 1 月 7 日，39 岁的刘正在寻找儿子刘星（化名）的路上遭遇车祸，再也没有醒来。其时，刘星正遨游在《梦幻西游》中。刘星初二时迷上网游。后来旷课越来越多，甚至一个礼拜课堂上不见身影。刘星一般不按时回家，父亲刘正就一个个网吧去找。

问题：如果是你的同学，你会给这位父亲怎样指点呢？

概念类比：用虚拟世界与真实世界的类比引发思考：IP 地址的实质是什么？

教师总结学生的"指点"，提出问题：为什么每人只给"姓名"？为随后的域名无法直接找到真正的位置埋下伏笔。

思考：域名能否直接找到网络上的主机？怎样找到网络上的主机？

师生共同探讨互联网的实质。

引出 IP 地址的实质、类型、管理等相关知识。

IP 地址的管理

问题：在刚才的学习中，同学们有没有思考过这样一个问题，这么多 IP 地址是由谁来管理的呢？管理方式又是怎样的呢？目前的分配现状如何？（PPT 出示思考题）

下面我们就一起来看看全球 IP 地址管理结构图（PPT 演示），分级管理，并继续延伸到下一级，以帮助学生理解 IP 地址分配不会出现重复，以保证它的唯一性，以及为什么能很快通过 IP 地址就能找到计算机的物理位置。

【案例分析】

这个案例把教学内容转化为具有潜在意义的问题，用故事引领学生的探究过程，学生积极探索。寻找答案，同时也让学生认识到网络的危害，从而形成正确的信息价值观。

所谓问题情境，就是使学生在提出问题、思考问题、解决问题的学习过程中，营造出一种运用已有知识经验去获得新的知识经验的气氛。在这种气氛中，通过问题这个载体，可有效地引起学生的回忆追索、思维激活，不但能获得知识，而且能得到方法的训练、能力的发展。

心理学研究表明，人的思维总是在一定的问题情境中产生的，思维过程就是不断发现问题和解决问题的过程，问题既是思维的起点，更是思维的动力，因此在课堂教学中努力创设恰当的问题情境，通过问题启发学生积极的思维活动，以问题为主线来组织和调控课堂教学，就能充分调动学生的学习热情。

怎样创设问题情境呢？首先应基于对学生已有知识经验和教材内容的全面、科学的分析，问题应与学生现有知识水平有一定联系，但仅仅依靠现有知识，又不能完全解决该问题，也就是要在"新旧知识的结合点"上产生的问题。这样才能有效激发学生的认知冲突，使学生在探索的过程中学习新的知识。难易适度，才能既有利于学生深入探究，又不至于挫伤学生的学习积极性。

根据人类认识事物从简单到复杂、循序渐进的这一规律，对于较复杂、有一定难度和深度的教学内容，教师应根据学生的认知特点，设计出科学的有层次的问题组，并考虑好问题的衔接和过渡，使学生层层深入，深刻理解所学知识，并应注意知识的系统性整合。

问题情境的创设，还不应局限在教师的思维框架之中，应积极引导和鼓励学生主动去发现问题，提出问题，否则不利于学生思维的发散和创设过程的体验，但我们倡导活动教学，并不意味着就要摒弃传统的知识传承，而是以更合理而科学的方式，帮助学生在掌握知识的同时发展能力，这是教学中所应注意的。

教师应创造条件，让学生通过提问，活跃思维，同时能通过学生所提的问题，及时了解学生的思维动态和学习情况。创设问题情境还应与灵活多变的教学方法相结合。问题的探究可采用多种多样的教学形式，如讨论、辩论、演讲、资料搜集、实验等，让学生在各种形式的活动中锻炼思维发展能力。

七、培养探究类教学情境的创设能力

探究教学是新课程提倡的一种教学方式，教师创设运用探究教学情境，能激发学生的学习热情和学习潜能，并能使学习中的探究过程内化为自身经验系统的一部分，从而提高学习与创造能力。

【案例一】

老师正在指导学生看图作文。

第一幅图："小黑猫和小白猫在桥上看鱼"

第二幅图"小黑猫跳下河去捉鱼"

第三幅图，老师别出心裁地只用一个"？"

孩子们看完第一、第二幅图后很想知道结果，好奇心难以控制，老师只给一个"？"，还反问一句：你们说结果会怎样呢？

孩子们的思维就好像开了闸的水，滔滔不绝。

如此引人入胜的开头，有几个孩子不被吸引呢？

【案例分析】

在组织教学时，教师有意识地进行留白，即启发学生探究的兴趣，给学生留下自主探究的空间：不会游泳的小黑猫跳下了水，结果会怎样呢？孩子们非常想知道，但老师却故意给学生留下"空白"，鼓励学生试一试，通过自己的想象去填补"空白"。强调学生去发现，去创新，去交流，去表达。变"吸收——储存——再现"为"探究——鼓励——创新"。

由上述案例可见，激发学生的兴趣，调动学生学习的积极性，能最大限度地激活学生潜在的学习欲望，使学生主动地参与到学习活动中来，成为学习的主人。教师则要营造平等、民主、和谐、轻松的课堂气氛，使用最佳的教学艺术，采用灵活多样的方法，创造引人入胜的教学情境，去激发学生自主探究的兴趣。

【案例二】

学完《海底世界》这篇课文后，学生们对景色奇异、物产丰富的海底世界产生了浓厚的兴趣。

于是老师因势利导，把学生们分成几个小组，来一个"海底世界"知识展览。

孩子们一听，都很高兴。

课后，他们兴致勃勃地忙开了，有的去请教家长，有的去图书馆，有的去上网……

一周之后，展览会如期举行。

他们不仅对课本的知识有了更深刻的理解，而且个个真正地成了自主学习的探究者，在探究未知领域的过程中，兴趣盎然，真正地体验到了学习的乐趣。

【案例分析】

我们可以想象，孩子兴致勃勃的去探究、去获取新知识的过程，那是一件多么快乐、多么有趣的事情。一篇课文提供给学生的只是一个范例，学完一篇课文，老师应引导学生从课内学习延伸到课外实践，做到课内外有机结合，拓展学生学习的时间和空间，充分发挥学生自主学习的积极性，培养学生良好的学习习惯，提高学生的学习能力，扩展他们的视野，增长他们的知识。

在探究教学中，教师引导学生以类似问题探究的认知方式和心理过程进行学习。探究类教学情境的创设要促成学生学习方式的改变，学生应采用发现学习的方法，学习过程是一种主动探索的过程，学生是探究活动的主体，教师发挥指导的作用。应当说，探究是人类认识世界的最基本方式，青少年学生的好奇心和探究欲望极强，探究学习适合学生个性发展的需要。学生在探究中思考，在探究中求得知识，通过获得直接经验逐步掌握知识，同时在探究过程中得到积极的情感体验。

探究学习重视的是过程，而不是简单的接受，同时，学生往往须要综合应用多方面或跨学科的知识内容，并需要一定的综合运用知识的能力，这样，对学生知识的融会贯通，多层次、多角度地分析和思考问题自然就提出了更高的要求，这对学生知识掌握的水平和创造性能力的发展也会大有好处。

创设良好的探究情境，需要教师多方面的能力并付出辛勤的劳动，可以说，是对教师综合素质的全面考验。

1. 组织学生探究活动能力的培养

探究教学活动需要教师有较强的组织能力，否则就无法很好地发挥教师的引导、把握和调控作用。探究教学，既强调学生的主体地位，更需要认识到教师主导作用的重要性。教师要学会根据学生的能力特点和性格差异，合理分配或安排其在探究活动中的具体任务或角色。尤其是在需要学生分组配合进行的活动中，教师应对学生统筹安排，有机地组成和谐互补的群体，合作互助，取长补短，共同经历探究学习。教师还要善于观察和发现学生在探究活动中遇到的困难和障碍，并能采取适当的方式给予指导。

2. 指导学生探究活动能力的培养

教师要能根据学生的心理要求，营造出一种主动参与、思维活跃的学习氛围。正如苏联教育家苏霍姆林斯基所说："如果教师不去设法在学生身上形成这种情绪高涨、智力振奋的内部状态，那么知识只能引起一种冷漠的态度，而不动感情的脑力劳动只会带来疲劳。"教师要能向学生提供探究和发现的现实情境，有效激发学生的"研究"欲望，并启发、指导学生设计恰当的探究方案，以使探究活动能得以顺利进行。

3. 提高学生利用信息能力的培养

在当代信息社会中，信息的利用能力显得十分重要，离开了信息的搜集与处理，任何创新活动都将难以展开。帮助学生提高利用信息的能力是探究教学中所要达到的一个重要目标，也是教师应具备的一项基本能力。开展探究教学，教师首先须要采集信息资料，这样才能丰富教学内容，制订好探究教学方案，指导学生的探究学习。教学中，教师要给学生提出信息搜集的任务，以扩大学生的视野，引导学生的探究兴趣。任务应明确、具体，但又应具有开放性，使学生能将已有知识进行纵、横向的联系并加以运用和扩充，同时也有利于创造性思维的发展。

八、交往合作类教学情境的创设能力

交往是人类社会实践的重要形式，人们通过交往实现人的社会属性，通过交往创造了社会关系和生产关系。尤其在当代，人们通过交往，传播和交流信息，进而促进发明创造、科技创新。同样，合作对于人类的发展和进步具有极为重要的意义。在创新教育的教学研究中，学生的合作学习方式受到高度重视。交流与合作能力，形成于人的成长的社会实践之中，其发展水平与能力，是人的素质的重要体现。

【案例】

教师给出实验用品：稀硫酸、锌片、铜片、电流表、干电池和导线：

实验 1：同样的两块锌片插入稀硫酸中，观察并记录现象；将两块锌片上端用导线连在一起观察并记录现象。

实验 2：锌片和铜片同时插入稀硫酸中，观察并记录现象；将锌片、铜片上端用导线连接观察并记录现象。

实验 3：在以上锌片和锌片；锌片与铜片之间用导线连接—电流计，观察并记录现象。

实验 4：用干电池判断电流方向，并与上述实验作比较，观察并记录现象。

接着，教师用投影示出一系列相关 Cu—Zn 原电池问题：

A. 电子为何从锌片流向铜片？

B. 锌片、铜片上各有何现象产生？

C. 从氧化还原反应角度方面分析，两极各发生了什么反应？

D. 从能量转变观点分析原电池是何种装置？

E. 原电池正负极如何确定？

【案例分析】

教师把同学们分成小组，小组成员之间共同合作完成实验，并在实验过程中共同合作研究实验所产生的变化。充分利用化学实验的合作以及研究功能，让学生组成小组自主地进行实践探究，使所有学生都通过主动参与教学活动获得丰富的、创新体验，培养了学生的小组合作能力。

1. 创设有利于交往合作的课堂教学活动

在讨论、实验、观察及其他方式的教学过程中，教师要有意识地创设更多的师生互动以及学生之间的互动活动，帮助学生积极参与到活动之中，这样不但有利于学生知识的学习，而且能提高学生的人际交往与合作能力，促进学生素质的整体发展。在设计这类活动时，教师要注意避免出现过多的浅层次的操作活动，表面上热热闹闹，实际上并无实质性效果。

2. 组织好学生活动过程中的交往与合作

教师应根据学生的学习能力与个性等，合理组成小组或群体，小组或群体的组成要有利于学生取长补短、相互帮助、相互促进。教师也应提供机会让学生接触更多的学习伙伴，以便获得不同的看法，分享不同的经验，丰富学习成果。教师还应促进学生合作精神的形成，通过活动安排，让学生感受到个人与群体密切相关，个人的成功有赖于群体的成功，而群体的失败也等于个人的失败，使每个人都感受到自己与他人成功合作的重要性，鼓励学生相互支持，共同进步。群体与群体之间，教师也应创设一种竞争情境，满足学生的求胜心，培养学生的进取精神。

3. 做好教师的参与及评价工作

教师不但是学生学习活动的指导者，而且是积极的参与者，以便在学生出现问题或偏差时能给予及时的纠正或帮助，还可加强师生对话，与学生共同研究探讨合作交流，提高学生的学习热情和活动的质量水平。教师自身也可在与学生的共同活动中增加对学生的了解，获得启发，提高教学水平，实现"教学相长"。教学过程中教师还应对学生的学习活动进行适当的评价，以鼓励或帮助学生更好地开展学习探索活动。

第三节　创造性思维教学能力的创新

创造性思维与创新活动紧密相联。近些年来，创造性思维的理论研究和实践探索十分活跃。随着创新教育的不断深入，培养学生的创造性思维能力可以使学生勤于思考、敏于推理、善于概括、精于问题解决，有效提高学生的创新能力，已成为教师努力追求的目标。

一、思维及创造性思维

思维是人脑借助于言语、表象和动作实现的，是对客观事物的概括和间接的反映。它揭示事物的本质特征和内部联系，是认识的高级形式，它主要表现在人们解决问题的活动中。思维不同于感知觉，但又离不开感知觉所提供的感性材料。人们只有在获取了大量感性材料的基础上，才能进行种种推论，做出种种假设，并检验这些假设，进而揭示感知觉所不能揭示的事物的本质特征和内部联系。同时，人们在思维过程中，经常伴有感性的直观形象，这些直观形象便是思维活动的感性支柱。

创造性思维是创造活动中的一种思维，它是应用新的方案或程序，创造新的思维产品的思维活动，如新的机器的设计、文学艺术创作、建筑设计，等等。它是人类思维活动的高级过程，是一种复杂的心理活动，需要人们对已有的知识经验进行改组或重建，并在头脑中产生新的思想和形象。创造活动是创造性思维产生的基础。没有丰富的社会实践经验，创造性的思想或形象是不可能产生的。

二、创造性思维的特征

创造性思维是一种思维的高级形态，既是指一种高级的思维活动，也是指一种积极的自我激励的活动过程。思维活动积极，才能产生创新。创造性思维作为创新能力的基础和前提，要从小发现、从小爱护、从小培养，创造性思维是创新人才智力的核心。我们知道，人的智力是一种能力，它是由思维、认识、记忆、想象、语言与操作技能共同组成的，而思维是它的基础，是根本。人类的创造性思维大都具有以下特征：

自信性：自信性属于一种非智力心理因素，然而它对人的思维产生非常重大的影响，它可以激发思维，引起人的创新冲动和激情。自信，可视为带有创造意识倾向的动机因素，也是对创造性思维产生驱动作用的特征之一。

批判性：创造性思维敢于对现存的事物提出疑问，寻找别人看来"完美无缺"的事物的缺陷和不足之处；甚至，敢于大胆批判和否定常人看来非常合理的东西，破除陈规陋习，锐意进取。否定之否定是马克思主义的哲学原理，任何新事物均是在批判和否定旧事物的前提下产生和发展起来的。善于批判地审视前人的成果和经验是创造性思维的重要特征。

独特性：即新颖性，从与众不同的角度和思路思考问题，不复制别人的思考，也不重复自己，不去理睬过去的思想者如何思考，思维角度、思维方法、思维路线与他人不同。

好奇性：创造始于好奇。居里夫人把好奇称为"人类的第一美德"，因为，好奇会提出问题而引发人的思考。好奇是创造性思维的重要心理动力，好奇往往是创新的开端。科学家牛顿，由苹果落下砸在头上，引发好奇，而发现了万有引力定律；英国人瓦特，由炉上壶盖在水开时被冲得咔嗒直响而好奇，遂发明了蒸汽机，导致了人类的第一次工业革命。

专注性：创造性思维表现在思考时精力非常集中，全身心地投入，专心致志地思索，此时大脑功能获得充分调动，并能抵御外界因素的干扰，甚至会达到视而不见、听而不闻、食不甘味、昼夜不寐的地步，往往如痴如迷、如疯如狂。

突发性：思考到了极致，人的思维达到高潮时刻，往往会突发奇想，眼前豁然开朗，恍然顿悟，如同神灵襄助一般，使久思不得其解的问题得以解决，这种现象人们称之为"灵感"。灵感是创造性思维中特有的现象，它如电光火石，稍纵即逝，它是思维激烈碰撞的火花。

三、培养教师的创造性思维教学能力

人类的创造性思维能力，曾长期被认为是天赋的才能，没有启迪或培养的可能。心理学界早期的智力测验，意在发现一个人所谓的"聪明"程度，并没有考虑其后的智力培养与开发。20 世纪 50 年代以来，在人格心理学的研究中开始关注个体的创造性思维能力发展问题，承认创造能力后天发展的可能性。

近些年来，关于启发思维的教学，已成为教师积极努力追求的目标。教育界普遍认为，过去传统的教学关注学生现有知识的学习，很少教学生如何应用所学的知识解决问题，教师应在教学中培养学生的思考能力，使学生勤于思考、敏于推理、善于概括、精于问题解决。尤其是当前我国基础教育的新课程改革，要求教师在学科教学中，安排刺激思考的情境，提出引起思考的问题，使整个课堂充满积极创新的气氛，培养学生积极进取的精神和良好的创造性思维能力。

【案例一】

试写出以"马"首的成语。

成语的字数不限。

每人自行准备纸书写。

以五分钟为限，不可参阅书籍及其他资料，也不可交谈。

共同评阅，教师给写得又好又多的人口头鼓励。

【案例分析】

本活动的目的在测试学生的阅读能力，并提供有关成语作为写作的材料，可以在课前或者课后实施，全部约需十分钟。既不耽误很长的教学时间，又让学生掌握了以"马"字开头的诸多成语，调动了学生学习的积极性。

【案例二】

将全班学生成两组，进行造词比赛。

限造意义相对的词组，以两个字为限。

按照顺序轮流发表，每人造一个词，口头叙述，获全体师生认可得一分，不会造或未得认可者不扣分。

以五分钟为限，不可参阅书籍及其他资料，亦不可交谈。

时间终了，计算胜负，给获胜的一方口头奖励，全体同学再给自己一次"爱的鼓励"。

例如：大小、天地、前后、朝暮。

【案例分析】

本活动的目的在培养学生造新词的能力，并从而加深对"反义复词"的认识，可以在课前或者课后实施，全部约需十分钟。

1. 保护好奇心，激发求知欲

好奇心、求知欲与创造力是紧密相联的。一个好奇心强、求知欲旺盛的人对于新奇事物总是主动进行探究，提出各种怪问题，寻找问题的答案，发现事物的内在规律。爱迪生小时不愿听枯燥无味的课，但喜欢提出一些诸如 2 + 2 为什么等于 4 之类的问题，而教师认为不该问这样的问题，因而把他看成低能儿。他只念了三个月书就被迫辍学。好在爱迪生的母亲爱护他的好奇心，循循善诱，最终使他成为一个大发明家。德国心理学家戈特弗里德·海纳特指出，创造型学生在班级中通常不受欢迎，他们的形象是被否定的。这就要求家长和教师善于发现和培养创造型学生。

为了培养学生的好奇心、求知欲，可以不断地给学生创设有变化而能激起新异感的学习环境（如布置经常更新的挂图、模型、标本的专业学习教室等）；组织或引导学生去观察大自然或社会生活，珍视他们由于感到奥秘而提出的种种问题，或给予解答，或启发他们自己云寻找答案，并对其努力与结果适时地加以勉励；经常结合教学向学生提出一些既使他们感到熟悉而又要稍动脑筋才能解决的问题；适当地采月发现法进行教学。

2. 提倡发散思维与辐合思维相结合

不少心理学家认为，发散思维与创造力直接联系，是创造性思维的中心，是测定创造力的重要标志之一。美国心理学家吉尔福特认为：发散思维具有流畅、变通和独特三个特征。所谓流畅是指智力活动灵敏迅速、畅通少阻，能在短时间内发表较多的概念，它是发散思维量的指标。所谓变通是指思考触类旁通、随机应变，不受思维定式的束缚，不局限于某一方面，因而能产生超常的构思，提出不同凡响的新观念。所谓独特是指用前所未有的新观念、新角度去反映事物，表现出对事物超乎寻常的见解，因而它更多地代表发散思维的本质。培养学生发散思维能力，从培养流畅性、变通性和独特性入手，着重启发引导学生从不同方面对同一问题进行思考是很有必要的。所谓数学教学中的"一题多解"和作文教学中的"一事多写"，就是培养这种能力的方式之一。

创造活动中发散思维的确非常重要，它能尽可能地多联想，提出多种假设或可能的解决办法。然而，创造过程并不到此为止，接着还要根据一定的标准，从中选择一种最合适的办法，或经过检验采纳某一种假设，这也就是辐合思维了。发散思维与辐合思维两者在创造活动中通常是紧密地联系着的。要培养辐合思维能力，就要学会分析与归纳的方法，并结合实际进行锻炼。教师在讲课时经常将分析过的内容要点写在黑板上，最后跟学生一起讨论，得出结论。这对于提高学生的辐合思维的能力是一个值得提倡的方法。

3. 发展学生的直觉思维

直觉是直接的了解与认识，直觉思维是指没有经过一步一步的分析，而迅速地对问题答案做出合理的选择、猜测和判断的思维。美国物理学家泰勒，他对物理现象有许多直觉的见解，虽然可能有90%是错误的，但他认为这没有什么关系，只要10%是对的就好了。在创造活动中，由直觉思维所产生的想法尽管还只是一种猜想、假设，或者一时还得不到证明，甚至是错误的，但它往往会推动人们去求证，从而成为创造和发明的先导。

人们过分依赖直觉思维容易造成武断或带来冒失行为，但如果缺乏它也会使思维变得呆板而无创造性，因此必须发展这种思维并善于利用这种思维。尤其是青少年学生在学习活动中也经常表现有这种思维，如猜测题意，应急性答问，提出各种怪问题或不合常规的设想等。而更多的学生则由于担心出错或受到嘲笑指责，往往宁愿按照课本或教师的程式去思考或回答问题，因此，也就限制了直觉思维的发展与运用。

为了改变这种状况，教师在教学中不应只讲定论，也应对某些尚无定论的难题提出假设，敢于猜想，做出示范，要允许并鼓励学生凭灵感或机智回答问题，即使这种答案是不完全的、不准确的。当然，也要引导他们去检验自己的设想，要告诉他们什么东西值得花力气去猜想和敢于不怕失误。此外，还要帮助学生懂得展开和利用直觉思维的方法。更可靠的直觉思维来源于丰富的知识、实践经验和强烈的探索愿望；充分利用原型启发、类比和逆向思维等办法就有更多的机会获得新观念；在解决难题时应记下一切观念而不任意中断原有的思路；在问题百思不解遇到"卡壳"时，可以稍微休息一下，之后可能会出现"灵感"。

4. 使学生学会"怎样学习"

联合国教科文组织成员埃德尔·富尔指出，未来的文盲不再是不识字的人，而是没有学会怎样学习的人。长期以来，传统教育把人的大脑看成"储存知识的仓库"，这种观点已不能适应时代的要求了。将来考核一个人，不再是看他学到了什么，主要是看他是否学会了"怎样学习"。

所有的教育工作者都懂得，在学生结束了课堂学习这种学习形式之后，他们的学习活动仍在继续进行，教师的作用是教育学生学会怎样学习；教师的作用是启发学习，而不是窒息学习。陶行知认为，先生的责任不在教，而在教学，教学生学。应当说，古今中外许多教育家均十分重视教学生"学会学习"。无数事实证明，培养学生的学习能力，使学生"学会学习"，不仅能充分发挥学生在学习中的主体作用，调动他们的学习积极性，而且能培养学生的自主精神和责任心，增进学习效率，促使学生更好地成长。

5. 善于发现和正确对待创造型的学生

人才可以分为偏于继承总结的继承型和偏于发现创新的创造型两大

类。作为教师，当然希望自己的学生成为创造者、发明家，但又往往不喜欢创造型的学生。研究表明，创造力高的学生多数有以下三个特征：淘气、顽皮、荒唐乃至放荡不羁；所作所为经常违反常规；处事不固执，较幽默，但难免有嬉戏的态度。

由于传统教学观念的影响，一般教师喜欢学生循规蹈矩，课堂上鸦雀无声，讨厌质疑问难，因此，这些教师总是难以容忍具有上述特征的创造力高的学生。爱因斯坦上小学时，就是因为顽皮，上课时带有破坏性，常影响其他学生的学习而被开除学籍。爱迪生小时候就是因为爱问问题，被认为是"捣蛋"而被赶出了学校。其实，在儿童顽皮、淘气甚至一些荒唐越规的行动中，往往包含有创造力的萌芽。教师应当善意引导，不要指责。因此，改变传统的教学思想和观念，正确地对待创造型学生，是值得每位教师认真看待的一件事。

四、创新思维中的联想与想象力

联想是创造的翅膀，可以在无际的宇宙中遨游；联想是脱缰的野马，可以在创新思维的原野上奔驰。联想越广阔、越丰富，创造力就越强。我们应该想方设法地诱导学生们联想，从生活的各个方面去联想。

第二次世界大战期间，法国将军亚里亚安去探望伤兵，当他得知其中一位轻伤员是炊事员，在弹片横飞时，炊事员把大铁锅扣在头上才幸免遇难，而他的同伴们都被炸死了，由此联想到做铁头盔，并付之研制，使得头盔风行于世。克隆技术制造了"多利"羊之后，一玩具商立即采取"拿来主义"，将此技术用于复制玩具娃娃。只要一张照片和写有年龄、性别、性格的文字材料，便可收到和自己一样的玩具娃娃了。这一联想，使他顷刻腰缠万贯。瓦特从开水冲开了壶盖而产生联想，因而发明了蒸汽机，这是联想和灵感的交融，是联想诱发了灵感，而灵感如一枚钥匙启开了潜能的智慧之门。

【案例】

美术教学中美感想象力的激发

儿童作画开始时都是凭印象来画，常常是别人怎么画，他也照着画，缺乏自己的独立性。教师在课堂上要训练学生的发散思维，采用"一问多思"、"一题多种表现"等方法来教学。

如画"风"，可以对学生设问："大风吹来时，会出现什么情景？"

请每个学生不要忙着回答，多动动脑筋，然后，将各自的想法画下来。

这时，就会发现风吹的情景有多种多样：有的学生画树干弯弯的；有的画树叶满天飞；有的画帽子飞了；有的画水起大波浪。每个学生都有自己独特的画作。

又如，在三册教材中有"拔萝卜"的内容，教师可以首先让学生讲讲拔萝卜的故事，然后分角色让小朋友们来演"拔萝卜"的游戏，同学们非常活跃。

班里的小胖墩扮演"大萝卜"，一个瘦小的男生粘上白胡子演"老大爷"，短发女生包上一块毛巾演"老太太"，另外一些小朋友戴上动物头饰演小花狗、小花猫，大家热情高涨，个个很投入，玩得特别开心。

游戏完了，再要求把"拔萝卜"的场面画下来，并加以想象，可以画不同的人或动物"拔萝卜"。学生的智慧就在这样的观察和想象中得到了培养，一幅幅作品生动有趣，美极了！

【案例分析】

在上述美术教学中，老师并没有采取满堂灌的方式告诉学生什么东西应该怎样画，而是先让学生进行自主想象，这样就提高了学生学习的兴趣。案例中的美术课以提高审美素质为主线，以提高造型能力为突破口，以提高创造能力为出发点，不把教师的主观意志强加给学生，让每个学生有个性，有特点，有专长，善于观察，勇于表现，敢于标新立异。

我国传统的小学课堂授课绝大部分采取的是严谨的准备，一环接一环进行教学，追求授课的主动性，来保证完成教学任务，主要还是教师满堂灌，学生只是被动吸收。听课、看课都讲究形式，实际效果如何是不太管的。

陶行知先生说："让我们解放眼睛，扔掉有色眼镜，要看事实，看未来；解放头脑，撕掉精神的裹头巾，要想得通，想得远；解放嘴巴，享受言论自由，谈天，谈地，谈出真理来；解放双手，甩去无形的手套，大胆操作，向前开辟；解放空间，把学生从文化的鸟笼里解放出来，飞向大自然，大社会，去寻觅，去捕捉。"为此，让我们勇于发掘孩子们思维的潜能，弘扬人的主体精神，促进学生个性和谐的发展，为培养创新型人才而尽自己之力。

我们常常有这样的经历，被一个问题困住，绞尽脑汁，不得其解，只好搁置。但后来，受到某种启发，问题迎刃而解，这便是潜能在发挥作用。潜能实际上是日常生活经验和书本知识的积累，也是长期探索、研究、思考过程中经验的储藏。潜能是一座蕴藏了无数知识和智慧的宝库，令人不可小视。一旦有适当的条件，打开了这座宝库，就会有惊人的奇迹出现。

潜能是相对显能而言的。显能就是我们平常所能发挥出来的才能和智慧，而潜能在一般情况下展示不出来，只有在某种情况下、条件成熟时，才能大放异彩。有研究表明，通常情况下，我们每个人能发挥出来的显能只占20%，80%的潜能被埋没。当今时代的教育任务不再是单纯的传授知识，更重要的是知识创新，创造更多的条件，激活学生的脑细胞，开启学生的心智，最大限度地挖掘学生的潜能，这就是教育改革和创新教育的核心。

创新意识来源于人们丰富的想象力。所谓想象力，就是以客观信息为基础，在大脑中塑造出一种超越现实景象的思维能力。想象力反映出当事人的向往、追求或现实生活的需要，运用想象思维，经过努力达到心理目标，这体现了人们立足于现实，又不满足于现实的心理追求和对美的渴望。

想象力的实质，是沉积在大脑深处的信息和知识被激活，被调动起来，重新进行排列组合，得到一种超越现实的结果，想象力能使生活中原本没有的事物变为事实。创造学之父奥斯本说："想象力是人类能力的试金石，人们正是依靠想象力征服世界。"

想象力不是与生俱来的，而是后天开拓的。我们完全可以通过培养而获得想象的能力。关键是要进行想象力的训练，才能培养和保持想象力的丰富。生活中任何事物、情景都能成为训练想象力的内容：比如浮云、青草、游鱼、顽石等通过想象都会变得纷繁无穷、绚丽多彩。古代人们曾想象的人在空中飞行，嫦娥奔月，深海龙宫……现在都已变为现实，于是我们就有了飞机、潜艇、宇宙飞船……丰富的想象力，结合联想、模仿、创新，可不断地推进人类的进步和文明。

总之，为了培养和开启学生的想象，教师要多动脑筋，发挥自己的才智，为学生设计发挥想象的广阔天地。例如，由于需要，有的新楼房必须拆除，能否让学生想象，如何不破坏楼房整体结构，从一个地方搬迁到另一个地方呢？又如，我国南方年年洪水泛滥，分洪和加高堤防是主要办法，能否让学生想象设计出一个防洪堤可以自行升高，就像自动伞一样呢？当然，这仅是笔者的一种想象，目的是为了拓宽学生思路，让学生养成想象的习惯。在语文教学中，我们也可以运用一些手段，调动和促进学生的想象，比如《项链》一课的结局，令人感到悲哀和无奈，是否可以让学生发挥自己的想象，写出千姿百态、千差万别的结局呢？

五、扫除创新思维中的障碍

要培养学生的创新意识，首先要扫除创新思维的种种障碍。创新思维的主要障碍是习惯性思维、心理障碍以及环境因素造成的思维障碍。我们要针对不同情况采取不同的措施。

比如老师在黑板上画一点，问同学们，这是什么？大家会不假思索，异口同声地回答："小圆点。"其实，我们还可以把它看成是线段的断面，或是线段的无限缩小，或者是一个物体的无限缩小等等。大家只认定一个答案，这就是习惯性思维的弊病。它禁锢了人的思维，束缚了人的想象，扼杀了人的创新意识。

克服习惯性思维的最佳途径是进行变通思维训练。我们常说"穷则思变"、"变则通"、"随机应变"、"举一反三"等，这些词语实际上都表达了一种思维方式，叫变通思维。变通思维是指不同分类、不同形式的思维转换运用，即从这个思维角度转换成另一个思维角度。比如说，废弃的饮料瓶，大部分人都把它当废品扔了，而有人却把它制成精美的工艺晶、各种花篮，非常漂亮，曾盛行一时。根雕艺术产生前，谁都把它的原材料当柴烧，舍此百无一用，偏偏又是变通思维使其为人们的生活又多增添了一些色彩和亮点。农村的麦秆当柴烧，早已成为历史，因为麦秆工艺品不仅为国人所喜爱，也已经打开了国际市场，每年为国家创造大量的外汇收入。足见变通思维何其重要，创新意识为我们增加了大量的财富。每一个例子无不证明，培养学生的创新意识是何等的重要。

思维障碍中影响最大的是心理障碍。创新意识的产生是有条件的，只有当人的心情愉快、关系融洽，没有顾虑、绝对放松的时候，人的思维才会活跃、激荡，才会迸发出新的火花，才会有创新力。遗憾的是，我们现在的师生关系是不平等的，基本上是命令和服从的关系。教育气氛沉闷、压抑、无奈。这种气氛封闭了学生的情感，锁住了学生的心扉。学生对教师或敬而远之，或望而生畏，不可能有创新欲望。所以，首先要改变师生关系，营造民主、平等、和谐的教育气氛，这是创新教育的前提，否则，创新教育只能是纸上谈兵、空中楼阁。其次，教师太看重学生的考试成绩，很多教师看不起成绩差的学生，这对学生是极大的伤害，无形中给学生施加了精神压力，形成了心理阴影。要深信每个学生都有他自己的长处和特点，要重新扬起他们克服困难，努力学习的风帆。

帮助学生树立正确的世界观和人生观。教师在教学活动中，应使学生树立辩证唯物主义世界观，即认为客观世界是物质的、发展的、无限的、可知的，人与自然的关系是对立统一的。让学生充分认识到，客观世界不断发展、变化，新生事物不断涌现，人们对客观世界的认识和改造永无止境。树立创新永存、创新无限的思想。有所作为、为人类造福的人生观，是发明者的强大精神支柱和力量源泉，在创造活动中起着重要的导向作用、激励作用和动力作用。教师应帮功学生树立正确的价值观、幸福观、苦乐观、荣辱观等，把创新作为人生奋斗的重要内容。

帮助学生树立敢创造、能创造的信念和信心。创造的最大敌人就是缺少信念，缺乏信心。正如人们所说：有创造力的人总是认为自己具有创造力，而缺乏创造力的人总是认为自己欠缺创造力。有的学生认为创造非自己所能，从而导致想象力和创造精神的泯灭。教师要帮助学生破除发明创造的神秘感，树立"人人都能创造"的思想，这对青少年学生今后的发展是甚为重要的。同时，教师要破除有些学生身上可能存在的自卑感，尤其是学习困难学生。自卑感不破，学生必然怀疑自己的创造潜能，更不可能树立创造的自信心，当然也就不会有积极主动的创造意识。

培养学生坚忍不拔的意志和毅力。意志和毅力本身就是创造能力的重要组成部分，在许多情况下，意志和毅力往往决定了创造的成功或失败。有坚强的意志和毅力，才能不怕挫折和失败，才能冲破压力和阻力，战胜千难万险，取得最后的成功。意志是人的主观能动性的源泉，毅力是意志的体现。教师在教育工作中，应让学生充分认识到，人对客观世界的认识，是在改造客观世界的过程中完成的，而一切改造客观世界的实践活动都是意志行动，都必须受意志的支配和调节，离开了意志行动，认识过程就很难深入下去。教师还应通过积极组织活动和在日常的教学工作过程中，努力培养学生坚强的意志和毅力，为学生今后的创新实践打下良好的基础。

第四章　教师教学技能的创新（上）

　　创新教育就是以培养具有创新精神和实践能力的创造型人才为主要目标的教育，实施创新教育的关键是教师。新的课程标准、新的素质教育对教师的素质提出了更新更高的要求，教师不仅应具有高尚的情操、对事业的热情，还应具备现代素质。教师自身应有进取意识，不应因循守旧、安于现状；教师应具有独立意识、协作意识；应具有民主精神、诚信惜时品质；要将"尊师重道"的尊师改革为师生的互相尊重和爱护；教师应有渊博的知识、优秀的才能，应具备专业科学知识、教育研究的能力，应为成为教育家式的创新型教师而努力。

第一节　备课的创新

　　备课是教师的一项基本而又至关重要的工作，备课质量的高低将直接影响到教师的教学效果和学生的学习效果。新的课程标准与过去的教学大纲有本质的不同，它不再包括教学重点、难点以及课时的安排，只提出原则性的教学和评价意见。它不仅为我们提出了过程与方法、情感态度与价值观三维教学目标要求，还在教师使用教材、指导学生学法等方面提供了许多新颖的、实用的建议。

　　为了适应新课改的要求，我们必须对备课这一重要教学环节进行再思考和再认识，改变传统的、陈旧的备课观念、方式和方法备课。确立现代的素质教育备课观已是每位教师的当务之急，备课需要改革，备课呼唤创新。那么教师在备课中应如何创新呢？

一、学习和理解课程标准

课程标准是教材编写、教学评估和考试命题的依据，是国家管理和评价课程的基础，它规定了各门课程的性质、目标、内容框架，提出教学建议和评价建议。与以往的教学大纲不同的是，课程标准规定了不同阶段的学生在知识与技能、过程与方法、情感态度与价值观等方面所应达到的基本要求，对教材、教学和评价具有重要的指导意义，是教材、教学和评价的出发点与归宿。

虽然课程标准不像以往的教学大纲那样，包括教学重点、难点、时间分配等具体内容，但它明确了教学的方向和目标，明确了教什么和怎么教的问题。这对于一个教师来说，既解决了教学的原则性问题，又给教师教学自主留下了发挥的空间。相比于教学大纲，这是一个新的突破和改进，在新课程改革的进程中，我们应该充分体现它对课堂教学的指导作用。

在备课过程中，通过学习和理解课程标准，理解所处学段的总体目标要求，从而把所授课程内容与课程标准自觉联系起来。新的课程标准与以往教学大纲的不同之处之一就是它只提出了一个学段的总体目标，对具体的教学过程如何安排没有统一的要求，因而就为教师在课堂教学中发挥各自的特长提供了发展的空间。课程标准鼓励教师在教学过程中创造出风格各异的教学方式、方法，体现出不同的个性，但殊途同归，最后都要落实到目标的实现上。所以备课前胸中有"标准"是非常重要的，它会引导我们去思考备课的内容、目的和意图等问题，从而使教学具有方向性和实效性。

在备课过程中，通过学习和理解课程标准，理解教学方法和教学手段对于传授知识、培养能力的适用性和有效性，从而在备课过程中精心设计和安排各种教学方法和手段，提高课堂教学效率。鉴于教学内容的丰富性，新的课程标准在教法上不可能对每一个知识点都进行明确细致的指导，但基本的思路、方法是清楚的，这些思路方法恰恰体现新课程的精神，我们应该在此基础上结合具体的教学对象、教学内容进行具体教法的设计。

在备课过程中，通过学习和理解课程标准，认识课程标准并不直接对教学具体内容、教科书编写体系、教学先后顺序等问题做出硬性的、统一的规定，只是对这些问题提出建议、指导和多种可供选择的设计模式，所以它对教科书编写、教师教学和学业评价的影响是间接的、指导性的、具有弹性的，为教师教学的创造性发挥留下了广阔的空间。教师在备课中应充分利用并发挥这个空间，大胆创新，敢于作为。如可以更换教材中的例子，可以更换课文或重组单元，可以拓展延伸，可以融合其他教学资源。

二、"吃透"教材

教材是教学之本，是教学内容的重要知识载体，是教师进行课堂教学的依据。只有备课中"吃透"了教材才能保证所授知识的正确无误，才能做到课堂教学从容不迫，才能建立起学生对师道的信任和尊重。

一般说来，"吃透教材"指的是教师必须对所教内容的每一个环节、每一个知识点都掌握得非常清楚准确，不会出现知识性错误，无须手捧课本、眼盯教案就能顺利完成教学任务；必须对教学内容各环节之间的逻辑联系非常清楚，能理出教学内容的内在脉络，课堂上能自然、顺利地实现各环节间的过渡转换；必须把握教学的重难点所在，并有突破的方法，理科能熟记乃至背诵例题、定理、公式，文科能背诵重点段落。

备课中，要做到"吃透"教材，可以从以下几个方面着手：

初备教材：自行仔细研读教材，初步把握重点难点。就是教师首先必须悉心研读教材，凭借自己对教材的理解，对教学内容做到心中基本有数，能自己做出对教材内容的初步分析、判断，明确教学内容的所有知识点，初步判断重、难点所在，初步确定教学方法和详略安排。

再备教材：参阅教参和老教师的教案、笔记把教学设计思想落到实处。按照教参的建议与自己原来的初步分析判断进行对照，特别要重视借鉴老教师以往的教案和教学设计，然后根据自己的教学特点，对教学方法、手段作进一步的调整和改进，更准确地把握教材内容，将所有知识和重、难点的教学设计具体清楚地落到实处，不能有半点含糊。对学生可能由教材引申出来的相关问题、知识有充分预计和认真准备，尽量避免在课堂上被学生"问倒"。这一环节对吃透教材来说是非常重要的，因为它对初备教材时所形成的思考认识进行了检查、落实、调整、延伸。通过这一环节，教师对教材已有了较为清晰、正确的把握，教案也基本形成。但要做到"吃透"，还需要进一步的努力。

熟备教材：熟记教案内容乃至能够背诵教案，对教案中涉及的内容段落、例题、公式、定理以及各教学环节之间的内在逻辑联系等做到了然于胸。作为一名教师，这是必须要下的硬工夫，只有熟记一些重点内容，才能在课堂上做到从容不迫，援引自如；只有清楚并自如地实现课堂教学各环节之间的"起、承、转、合"，教学才能真正达到自由的状态。做到这一点，对一个新教师来说，确属可贵，但这还不是"吃透"教材的全部含义。

驾驭教材：在"吃透"当前要讲授的教材内容之余，要仔细揣摩本册教材各部分间的联系，做到对全册书有整体的把握和全局的认识。因为只有对全册教材有整体的认识，才能清楚当前教学内容中哪些地方该延伸，哪些地方该简略，才能做到首尾兼顾，收放自如。这对日常教学中的备课是很重要的。

三、合理利用教学参考资料

教学参考资料，通常简称为"教参"，顾名思义，即教师组织教学时用来参考的相关资料。教参如同教材，一般是由该学科专业领域中有所建树的权威人士编写，大都会有教学内容的分析、重点难点的确立、教学方法的建议，甚至还会提供教学设计，具有较高的质量和较强的指导价值，是教师成长过程中的好帮手。但是，教参毕竟不是教材，更不能取代教材。那么，怎样才能有效地利用教学参考资料呢？

【案例一】

莫泊桑的《项链》是大家熟知的小说。十几年前，教参在谈到主人公玛蒂尔德时，把她定性为一个爱慕虚荣的小资产阶级妇女，是一个罪有应得而被嘲讽的对象。现在不同了，教参上开始赞美她身上具有的诚实、善良、淳朴、吃苦耐劳的美德。玛蒂尔德变了吗？没有，变的是我们的认识。其实，如果能细细品味一下小说中的一句感慨"人生是多么奇怪，多么变化无常啊，极细小的一件事可以败坏你，也可以成全你!"我们就可以感受到莫泊桑对人生难以捉摸的喟叹，如果说这是小说要告诉读者的应该也不为错吧。可见，教参上的分析并不是不易之论。另外，如今教师早已不是独享"教参"，许多学生都有"教参"，而且丰富多彩。

【案例二】

《林教头风雪山神庙》是中学课本上又一篇经典课文。不知从什么时候起，逼上梁山的林冲便成了逆来顺受的"窝囊废"的代名词，几乎所有的教参都是这样评价的。如果我们不人云亦云，不偷懒，能用心读一读《水浒传》七到十一回所写的林冲的故事，会有更多发现。他是不够好汉，有几次没有"该出手时就出手"，被人一欺再欺。不过，我们也会发现他的"不出手"都有原因，会发现他还有几次被我们忽视的"出手"，如在被诬定罪后他"出手"休了他的爱妻，让她另寻一个好人家，如在野猪林他"出手"阻止了鲁达，不让鲁达打杀两个公人，说"非干他两个事……你若打杀他两个，也是冤屈"。林冲心里不是只有他自己，相反常常替别人着想，他的每一次"出手"与"不出手"都与一个"情"字有关，爱情、亲情、友情、人情，他有万丈豪情，又有千般柔肠。多情未必非豪杰，能爱能恨，这才是英雄本色！这样解读，会不会有一种别有洞天、豁然开朗的全新感觉？对提高学生辩证思考、全面评价的能力是不是大有裨益？

1. 避免走入两个误区

奉为圭臬，备课时照搬照抄。青年教师刚开始教学实践时，很容易对教参产生迷信和依赖的心理，备课时唯恐遗漏教参上的任何信息，于是自己变成了搬运工。用这样的教案上课，教师就变成了传声筒，课堂变成了杂货铺，上课变成了发布会，一节课下来，教师昏昏，学生也昏昏，大家都很累。其实，我们忘了，再好的教学参考资料，也只是"参考"，不是标准，更不是真理。

只记结论，忽视了学生的认知规律。教师在备课时如果只记下教参上的结论，而忽视了学生的认知规律，上课时就可能会感到迷茫：我在课堂上已经讲得很清楚很明白了，学生怎么还是听不懂还是不理解？其实这是因为我们违背了一条重要的规律，即人的认知规律。我们直接由教参获得了对教材的认识，但并没有获得对学生认知规律的认识，而对后者的认识恰恰是成功进行教学的关键。

2. 摆正位置，做到"教材第一，教参第二"

所谓摆正位置，就是只把教参当作参考，将最主要的精力花在熟悉教材、研读教材上。教师首先要研读揣摩教材，把握其基本内容，标出教材中的重难点，形成自己的想法，然后参看教参，加深对重难点的理解，选取教参上的一些教学建议，编写教案。这样，教参才能有助于教师拓展思维空间，较好地把握教学过程，避免走入上面谈到的误区。

3. 要有创造性，做到"了解学生，个性解读"

所谓创造性地利用教参，就是备课中不受教参观点的左右，以教参的分析为触发点，发散思考，逆向思考，形成自己的独到见解。其前提是，教师对教材的钻研要很深刻，对学生的了解要很全面，能在研读揣摩的过程中进行个性化的解读，并且能将自己的解读与学生的实际结合起来。这个要求也许对青年教师来说有些高了，但绝不是高不可及。知识更迭日新月异，认识水平变化迅猛，不可能有一成不变的结论。

如果我们还是照本宣科，是不可能吸引学生的。不拘泥于教参，备课中形成自己的见解，课堂上尊重学生，与学生平等交流，展开讨论，师生质疑思辨的过程就是最好的理解教材、培养人才的过程，这样的备课才是有效的，这样的课堂才有活力，才能吸引学生。

教学需要教参，借鉴别人可以让我们少走许多弯路，但教参只是"教参"，过分依赖会让我们走入死胡同。一位上海名师说得好："如果没有独立评说的空间，教师这个职业就是最窝囊的职业，教书就是受罪。"因此，一个新教师在学习其他教师的经验和借鉴他人做法的时候，千万别迷失了自我。

第二节　上课的创新

叶澜教授曾经说："课堂教学改革的第一步是从'还'字做起的，即'把课堂还给学生，让课堂充满生命气息'，其目的是要改变教学过程中大多数学生大量时间不是听教师讲，就是听教师与其他同学一问一答的被动'听'课的局面，要求教师在课堂上努力为每个学生的主动参与教学提供广泛的可能性。"为了使学生能主动参与到课堂教学中来，我们教师设计的教学活动必须是有效的，是能够吸引学生积极参与的。

一、明确目标

教学目标是教学活动的出发点和归宿，它支配、控制和调节着整个教学过程。任何教学活动都要围绕某个教学目标展开。教师在设计课堂活动时要围绕教学目标，并考虑所设计的课堂活动是否生动、富有情趣和吸引力，使教学效果在有限的时间内达到最优化。要避免重形式、轻内容的倾向。例如，在实际教学中，许多英语课上常出现只有活动、没有语言的现象，课堂呈现出假"繁荣"的景象。教学活动中的演讲、表演、活动内容或主题的选择一定要与这节课的教学目标紧密相关，这样才能使教学活动为教学目标服务。

二、有序进行

有些课堂教学活动可指导部分学生事先准备，如有主题的演讲、表演，专题研究的展示交流等，课前的充分准备，有利于课堂上有序开展，以达到预期的目的。有些课堂教学活动采用分组的方式是有效的，例如讨论、实验等就可以采用先分组活动，再汇总交流的方式，使活动的参与面更广。另外，体验活动、游戏活动、学生实验等都有具体的实施步骤、规则和注意事项的讲解，讲解时必须照顾到全体学生，要求大家保持教室里安静，让每一个同学都清楚活动要求，这样的活动才能有序而有效。例如上实验课时，学生比较兴奋，没有认真听教师的讲解，而教师在交代实验步骤和要求时，也没有注意到学生的情绪，结果课堂是热闹的，学生的情绪也是高涨的，但最终得不出应有的实验结论，这一节实验课就无法完成教学目标。

三、重点展示

在有些课堂教学活动中，只有一部分学生参与表演、展示、交流等，而另一部分学生是观看、观察、倾听。在组织这样的课堂教学活动时，教师的示范作用就显得尤为重要。教师应表现出非常专注地倾听，用欣赏的目光观看学生的表演，即使你已经熟悉学生的表演。发现下面学生注意力不集中或同学间讲话时，最好用手势制止，而不打断台上学生的活动。之后教师要及时点评，点评时要把握要点，甚至引用原话，表现出教师认真倾听的程度和对表演者的尊重。这样的示范作用会影响到今后类似活动的有效性，能使台上台下同学共同参与活动。

四、共同体验

有些课堂活动尽可能地让学生全体参与，共同体验。例如物理学科中的一些演示实验，可以改成学生活动，让学生亲身参与，增加体验，产生深刻的理解，使教学活动更有效。例如在"机械波的形成"这节课中，把横波演示仪演示横波的形成，改成让学生勾肩搭背地站成一排，第一名同学的下蹲起立，带动其他学生的运动形成"人浪"。通过这样的体验，学生就能更好地理解机械波的形成原理。

五、课堂提问

提问是教师最熟悉，使用最频繁的一种教学方法。课堂教学不仅要让学生发现问题、提出问题、解决问题，还要让学生在问题解决中产生更大的问题，用问题推动学生进行更高智慧水平的加工、学习，因此，课堂教学本身就是一个不断解决学生认知冲突，满足学生发展需要，又不断使学生产生新的认知冲突、失去认知平衡的过程。课堂教学的一般过程就是"面对学生的认知平衡——通过教学打破平衡——促使学生构建新的认知平衡"的过程。所以，如何进行课堂提问是重要的课堂教学策略，也是教师必须具备的一项重要技能。

提问语言精准。要使课堂提问有效，首先要做到问题的指向明确、提问针对性强，不能不着边际、过于空泛，使学生不知从何回答。如教学"认识物体"时，上课伊始，教师出示各种物品的包装盒，提问："你能给这些物体分类吗?"由于问题指向不明确，学生不知从何回答。

提问少而精。问题是思维的开端，学习的起点。课堂的设问不是为问而问的，应把握时机，诱发思考。问题的提出要具有挑战性，从而把学生的思维引向深入。另外，提问的数量应少而精。

问题难易适度。难度是指问题的深度与广度，难易适度就是指问题要切合学生实际。控制难度要考虑三个因素：一要切合学生的知识基础；二要符合学生的实际水平；三要考虑问题解答的多样性。也可根据学生的实际情况，改变提问方式，来调整和改变问题的难易程度。

留出思考时间。在教学中，教师要恰到好处地掌握提问的频率，问题的设置疏密相同，留给学生充分思考的时间和空间。

评价及时中肯。在学生回答问题后，教师要作好及时、客观、正确的评价。当学生的回答正确时，应及时给予肯定，再问其他同学"有没有不同的想法"；当学生的回答不完全正确，教师要肯定正确的部分，而后探问其他同学"有没有补充或建议"；当学生的回答错误时，教师可用婉转的语言采取探问、转向或重新设问等教学处理策略，也能让回答错误的学生"体面"地坐下；当学生的回答和教师的预设不一致时，教师要以欣赏的眼光看待学生，善于接纳学生的新观点，让学生的智慧火花尽情绽放。

六、获取反馈信息

控制论、信息论的观点认为，教学过程是教与学之间的信息传递与反馈的控制过程。而反馈在教学上，是师生之间相互沟通、相互作用、信息往返交流的过程。在这个传递与反馈的控制过程中，教师按一定的计划和层次向学生输出一定量的信息，学生接受信息后产生的结果再反馈给教师，教师通过分析、判断，对信息的再输出进行调控，以便变换教法、调整后续教学，学生则根据老师的分析、判断调整后续学习，使得教与学更加和谐地发展。因此，教学反馈应是教与学双方共同进行的双向反馈，而不是只有教或学一方的单向反馈。毫无疑问，充分重视课堂教学反馈，正确处理来自学生的反馈信息，是提高教学效率，优化课堂教学的重要环节。

教师在教学过程中用眼睛来观察整个课堂，从学生的动作、表情等情绪反应中获得反馈的信息。观察是一种综合活动，不仅用眼，还要用耳、用脑，边听边看，边分析，边评价，及时解决问题。教师要善于从学生的一举一动中透视其内心活动。教师在课堂上有计划地提出问题，引导学生积极思考，及时了解他们对知识掌握的情况，发现教学中存在的问题，为改进教学提供反馈信息。课堂提问要体现激励原则，不能一味地批评指责，打击学生的学习积极性。要注重学生练习，这不仅能看出学生的学习质量，也能看出教师的教学效果，获得教学双方的反馈信息，及时地发现问题和解决问题，而且可以使学生达到巩固消化的目的。

在教学反馈过程当中，必须注意以下几个问题：

1. 反馈必须及时和准确

反馈得越及时，师生的印象就越深刻，效果就越好。学生中的信息反馈给教师以后，教师要及时分析、利用这些信息来改进教学。

2. 反馈必须有目的地进行

教师收集反馈信息应该从实现教学目标完成教学任务出发，有计划、有目的地进行。只有这样，教学反馈和根据反馈信息而输出的评价信息，才能有明显的针对性和有效性。而且教师课堂上所获得的反馈信息，很多是以表面现象的形式出现的，教师如果就事论事地评价信息，那么教学指导就必然缺乏深刻性和针对性，以致流于形式，学生获益很浅。教师要透过现象看本质，下一番苦功。

3. 反馈必须考虑学生实际

教师需要正确地评估学生的年龄心理特征和学习水平，使课堂教学难易程度适当，多数学生通过努力可以达到要求。这样，既不会导致学生负担过重，产生逆反厌学心理，影响反馈质量，又能促进学生知识的增长和智能的发展。

第三节　教学内容的创新

课堂教学内容是课程内容转化为学生可接受的学习内容的中介，是实现教育教学目标的主要凭借，关系着所培养的人才的能力和素质，影响着教育目的的最终达成。然而我国目前的课堂教学内容存在不少问题，已经不能很好地适应时代和社会发展的要求，必须对其进行创新。要解决传统课堂教学内容存在的诸多问题，使其符合时代和社会发展的要求，必须对传统教学内容进行改革，实现教学内容创新。

一、对教材内容进行创新

教材内容是教学内容的主要来源和重要组成部分，往往是专家、学者等根据一定的标准精心选择和组织的经验体系（包括直接经验和间接经验），具有较强的科学性和权威性。但社会总是在不断地发展进步，科学知识的数量也是与日俱增，进入教材内容的知识总是有限的，而且由于教材的编写、出版乃至投入使用均需要一个较长的周期，因此可以说教材内容总是相对滞后于社会和科技的发展，这就需要对教材内容做一定的改造。

从教师教学层面来看，教材内容创新主要是指教师通过一定的手段和利用一定的方式将学科内容或课程内容转化为教学内容的过程。具体有以下几种方式：

1. 重组、整合教材内容，使其符合变化着的教学实际

由于传统的教材内容往往是学科专家、学者按照特定的要求，根据本学科的知识发展体系编写的，因此具有很强的严密性和逻辑性。这种编写方式有利于学科知识的传授，但容易脱离教育教学实际，不利于学生的理解和掌握。这些内容并不就是真正教学意义上的教学内容，只是学科内容或课程内容。学科内容或课程内容需经过教师的加工、处理进入课堂教学层面，才称得上真正意义上的教学内容。教师按照教学目标的要求和学生的实际情况对教材内容加以取舍，可以删减那些落后的、冗余的内容，补充符合时代发展要求的内容和本学科的最新研究成果；教师还可根据具体的教学情境对原有的教材内容加以适当的改编、调整、拓展、重组、整合，使教学内容更加符合社会实际和学生实际。

2. 设置一定的情境，使教学内容背景化

对教材中一些难以理解的抽象知识，教师可通过设置一定的情境或

介绍一些相关的背景知识，降低理解的难度，使学生易于学习。要注意的是，在设置情境、使教学内容背景化的时候，应注重创设一种能触及学生情感、激起学生探究欲望并使学生进入最佳心理状态的情境，使学生在愉快的氛围里学习。

3. 将教学内容过程化

要改变课程过于注重知识传授的倾向，强调形成积极主动的学习态度，使获得基础知识与基本技能的过程同时成为学会学习和形成正确价值观的过程。这表明教师在传授教学内容时，要将教学内容过程化，注重对知识产生、发展、应用过程的介绍，注重引导学生通过观察、实验、调查、研究等逐步去探究问题的结果，注重情感、态度、价值观的渗透，使学生的学习过程成为知识与能力、过程与方法、情感态度与价值观相统一的过程。

4. 教学内容生活化

如果让学生单纯为学知识而学习，学生会觉得学习是枯燥、乏味、空洞、无用的。但如果把知识学习放在学生特定的生活背景中，结合学生的生活实际，选取典型的生活案例，让学生在具体的生活场景中去感受知识的魅力，效果就有显著不同了。有学者认为，"师生共同生活是学生生活的重要内容。学生的生活质量如何，很大程度上取决于在学校中、在课堂上学生的生活状态是积极的还是消极的，是活泼的还是沉闷的，是主动的还是被动的……学生在教学活动中的体验或生活状态从根本上影响着他对社会生活的感受"。因此教学内容生活化不但可以激发学生学习的兴趣，提高学习的效率，而且有利于培养学生将所学知识应用到实际中去的应用意识和实践意识。

二、开发、利用课程资源

课程资源尽管范围很广，涉及的内容也很丰富，但课程资源并不是无所不包的，只有那些具有教育价值和教学意义的资源才具有开发和利用的价值。也就是说，对课程资源的开发和利用要有一个筛选的机制。我国学者吴刚平指出，从课程理论的角度讲，至少要经过三个筛子的过滤才能确定课程资源的开发价值。第一个筛子是教育哲学，即课程资源要有利于实现教育的理想和办学宗旨，反映社会的发展需要和进步方向。第二个筛子是学习理论，即课程资源要与学生学习的内容条件相一致，符合学生身心发展的特点，满足学生的兴趣爱好和发展需求。第三个筛子是教学理论，即课程资源要与教师教育教学修养的现实水平相适应。从课堂教学内容创新的角度讲，这三个"筛子"都必不可少，经过它们过滤的要素才可作为必要的课程资源进入课堂教学层面。

事实上，开发和利用的课程资源能否在课堂教学层面发挥作用才是衡量课程资源价值的关键。课程资源只有进入课堂，在教学层面发挥作用，才能彰显其存在的价值和应有的意义。课程资源开发和利用的途径主要有：

1. 充分调动教师的积极性，开发和利用教师课程资源

对新课程试验区教师的调查表明，课程资源缺乏是新课程实施遇到的一个最大的障碍，也是新教材使用中教师感到困难最大的问题。据一项调查结果显示，有44. 2% 的教师认为在实验中遇到的主要困难是缺少课程资源，有93% 的教师觉得使用新教材的难点也在于缺乏课程资源。造成课程资源紧缺的原因是多方面的，但其中一个最重要的原因是教师缺乏课程意识，更没有意识到自己也是很重要的课程资源。在传统观念中，课程资源的开发和利用仅仅是专家、学者的事情，与教师无

关。新课程改革对教师提出了新的挑战和要求，即教师要具有课程开发的专业素养和能力。另外，教师在一定程度上决定着课程资源的鉴别、开发、积累和利用，比如教师的学识、能力、经验，教师对课程教材的"二次开发"等都可作为丰富的课程资源。因此，调动广大一线教师的积极性，最大限度地开发和利用教师课程资源是非常重要和必要的。

2. 进行广泛的调查，以确定开发什么样的课程资源和如何开发

（1）应进行广泛的社会调查，以确定或揭示现当代社会对人才素质提出的基本要求，了解当前有哪些课程资源可供开发和利用。调查要广泛，涵盖校内、校外、教育机构、非教育机构等。

（2）要进行广泛的学生调查，以清楚和明确学生需要什么样的课程资源、对什么样的课程资源感兴趣、什么样的课程资源能够对学生的学习和发展有帮助。

（3）在明了开发、利用何种课程资源的基础上，要制订课程资源开发和利用的具体措施，以确保课程资源能够切实进入课堂教学层面，为教师的教学和学生的学习、发展服务。

（4）建设独具特色的学校文化。学校文化是由特定的教师和学生在以学校和班级为主的特殊场所内，由于拥有独特的社会结构、地理环境、人文景观、发展目标等形成的一系列传统习惯、价值规范、心理积淀、思维方式和行为模式等的综合。学校文化是一种特殊的课程资源，主要是作为非学术性的隐性课程发挥作用，在培养、陶冶和塑造学生的人格方面有着潜移默化的作用。需要特别强调的是，农村、贫困地区和少数民族地区的学生是新课程实施过程中的弱势群体，在以"城市为中心"取向的课程设计中，课程内容具有明显的城市化痕迹，使广大农村、贫困和少数民族地区的学生学习起来有一定的困难，因此，要重视对农村、贫困和少数民族地区课程资源的开发和利用。对农村、贫困地区和少数民族地区课程资源的开发和利用，政府和国家要加大对这些地

区的资金投入和政策扶持，加强软、硬环境的建设。这些地区的教师也要转变观念，最大限度地开发和挖掘本地区蕴藏的可资利用的课程资源，充分发挥自己的主体性和能动性，积极开发和利用各种形式的课程资源。

三、教师是教育改革成功的关键

课程研究在 20 世纪中后期经历了范式的巨大转换。从以行为科学为基础的量化研究转向以文化人类学、认知心理学和艺术评论等新人文科学为基础的质性研究是第一个范式转换，而另一个范式转换则是从课程研究转向教师研究。从课程到教师的范式转换，也是作为教育实践之主体的教师视点的转换：重新把握课程与教学，从内部瞄准课堂教学的实践。可以说，这一研究范式的转换，不但是课程研究的幸事，更是整个教育学界的幸事。因为，在所有类别的教育改革当中，学校课程改革当仁不让地成为"教育变革的核心"，在这里，教师被视为改革成功的关键。

教师之所以被视为改革成功的关键，是因为教师课堂教学层面的课程实施关系着整个课程改革的成败。美国著名课程论专家古德莱德区分了课程的五个层次，深刻地触及了课程实施问题。古德莱德把课程分为五个层次：理想的课程、正式的课程、领悟的课程、运作的课程、经验的课程。其中，最为重要的是第四个层次的课程，即运作的课程，这是教师规划并在课堂上实际实施的课程。它融入了教师的理解、理念、知识、智慧等，经过教师的创造性运作而进入课堂教学，是"理解的课程"与"运作的课程"的统一。

事实上，我们通常所说的课程实施，主要就是指前三个层次的课程通过运作的课程变为经验的课程的过程，教师是运作该过程的核心人物，影响着整个课程意图的展现与达成。课堂教学内容是教师教学层次的课程实施的主要凭借，教师对课堂教学内容的把握、加工、处理以及在具体教学过程中与学生交往、互动生成的教学内容作为重要的课程载体经过一定的方式变为经验层次的课程，即进入学生的学习领域被学生内化和吸收的课程。当然，在整个过程中，教师的创造性起着至关重要的作用。

第四节　教学形式的创新

任何课堂教学活动的开展都要采取一定的形式，都有时间流程和空间形态。课堂教学形式是关于怎样组织课堂教学活动的问题，学习和研究课堂教学形式将有助于我们更好地开展课堂教学活动，有效地提高课堂教学质量。课堂教学形式创新策略所要解决的问题就是如何让课堂教学组织得更加和谐，以及如何更有效地利用时间和空间，从而可以更好地完成课堂教学任务，实现课堂教学的最终目标。

在传统的课堂教学中，"仓库式"灌输和"注入式"填鸭造成了学生主体性品质的消解、创新精神的泯灭和实践能力的丧失，课堂教学"冠冕堂皇"地扼杀了学生的独特个性。在深刻的反思中，我们发现：生命创造了知识，而知识却扼杀了生命。虽然班级授课制在以集体教学代替个别教学，以及"多、快、好、省"地培养学生方面取得了巨大的进步，但是，班级授课制在把教师工作重点从各个学生转向学生集体以后，产生了忽视学生个人发展的可能性。然而，伴随着社会生产力的快速发展、现代科技革命的突飞猛进以及知识量的急剧增加和社会生产对高层次、多规格人才的需求，学生多样化个性的养成被提高到前所未有的高度，因为只有学生的个性化得到充分的发展，才能够适应当今这个日新月异的社会。

一、分组合作学习

马克思曾经指出："只有在集体中，个人才能获得全面发展其才能的手段，也就是说，只有在集体中，才可能有个人自由。"这里的"集体"是一种可以为人的个性品质提供生长土壤的集体，是一种"真实的集体"，而不是虚假和形式上的集体。离开了集体，远离了人与人之间的交往，人就不能成为真正意义上的人，个性的培养也就无从谈起。但是，"传统的课堂教学只是一种所有的普遍的共同体，其外在于个人的共同体，理念、规范在一定程度上制约、限制了个人的自由发展，个人人格的平等、个人的独特性问题没有得到足够的重视，重集体轻个人、重共性轻个性的弊端导致课堂教学中的集体生活与个人自我的主体性、个性品质之间存在着尖锐的矛盾"。

为此，我们要在课堂教学中积极倡导"学习与生活共同体"。但是，一个班级当中的学生在年龄特征、性格气质和兴趣爱好等各方面都或多或少地存在着差异，以班级为单位建设"学习与生活共同体"存在着一定的难度，而班级内部的分组则能较好地解决这一难题。我们以"组"为单位建设"学习与生活共同体"，不是对教育史上"能力分组"或"作业分组"的简单回归，不是以学生的学习成绩和课程作业为标准来划分，而是根据学生的性格气质和兴趣爱好，将具有相似特征的学生组成一个学习小组。在这样的一个学习小组中，学生之间的影响力和凝聚力都将得到增强，集体将真正成为马克思所说的那种拥有个人自由的集体。同时，小组成员在相互信任和相互激励的良好环境下进行合作，提高了学生的学习效率。可以说，分组为合作提供了现实基础，而合作为小组真正成为"学习与生活共同体"提供了保障。

学生小组作为"学习与生活共同体"，应该有着属于自己的成长和发展目标，"有了衷心渴望实现的目标，大家会努力学习、追求卓越，不是因为他们被要求这样做，而是因为衷心想要如此"。在学生小组中，形成组员普遍认同的目标、价值观与信念，使每一个成员都可以充分体验到一体的感觉，并且最终建立属于小组自身的共同愿景。"共同愿景对学习型组织是至关重要的，因为它为学习提供了焦点和能量。在缺少愿景的情形下，充其量只会产生'适应性的学习'，只有当人们致力于实现某种他们深深关切的事情时，才会产生'创造性的学习'。"

应该说，组员之间在性格气质和兴趣爱好方面具有很大的一致性，这是建立共同愿景的良好基础。但是由于学生"个体型学习方式"和"竞争型学习方式"的长期存在，教师的指导还是很有必要的。另外，在合作学习小组中，应该善于利用学生在学习中表现出来的不同特点，安排学生扮演适当的角色，承担不同的学习任务。比如说，有的善于搜集资料，有的善于分析决策，有的善于组织统筹等。这种小组合作学习中的角色分配，既保证了小组学习活动的有序进行，又能充分发挥个人的优势。

二、个别化教学

应当明确的是，个别化教学并非是与班级教学相对的概念。班级教学是当今最基本的教学组织形式，与其相对的是个别教学。个别教学指一个教师在同一时间里只指导一名学生，即一对一的教学组织形式。个别化教学与个别教学是两个不同的概念。个别化教学代表着一种思想，一种教学要适应学生个体差异并注重培养其个性的理念。个别化教学在个别教学组织形式中客观上比较容易实现，但个别化教学作为一种理念也可以存在于班级教学之中，而且在现有的教学形式下，也必须存在于班级教学之中。

个别教学作为古代一种普遍存在的教学形式，是与古代个体手工业的生产方式相适应的，而现代的个别化教学是在社会生产力飞速发展和现代科技突飞猛进的背景下被重新提出和审视的。个别化教学的组织形式是寻求各种不同的变体和途径，借以按照学生不同的个性特点去达到一般的教学目标，并在教学活动中实现师生相互作用的结构形式。个别化教学最主要的就是要"回到学生"，使教学真正地始于学生，关注学生的个体差异，做到因材施教。在课堂教学中，个别化教学可进行如下的探索：

1. 教师创设情境和学生自主、合作、探究学习相结合

在传统的课堂教学中，教师的"主讲"和学生的"静听"形成鲜明的对照，课堂成为教师的"一言堂"，而学生的主动性难以得到发挥。在学生这种"静听"的表象下，往往掩盖着思维的贫乏、想象力的空洞和智慧的消弭。"改变课程实施过于强调接受学习、死记硬背、机械训练的现状，倡导学生主动参与、乐于探究、勤于动手，培养学生搜集和处理信息的能力、获取新知识的能力、分析和解决问题的能力以及交流与合作的能力。"

在课堂教学中，我们要消解教师"主讲"的地位，让学生真正成为学习的主人。根据不同的年级、学科、任务和内容，教师可以在一节课中"闭而不讲"，只是为学生创设一定的学习情境，在一节课或一段学习时间序列中，由学生通过自主、合作和探究的方式来进行学习活动。当然，教师在学生整个的学习活动中要有适当的引导和控制，防止学生放任自流。

传统的自学只是一种形式上的"自主学习"，往往是一种教师不在场的学生独立学习，而现在我们讲的这种"自学"被赋予了新的内涵，是学生在任务目标、学习材料、课程进度和效果检测等全方位地自主定调，真正实现学生掌控学习。这种自学也不仅仅是学生一个人独立进行，而是鼓励学生之间相互合作，取长补短，共同进步。这样的自学活动可以激发学生的主人翁意识，使学生体验到学习的快乐，避免了学生

的想象力和创造力埋没于枯燥乏味的知识教条当中，并且可以充分展现学生的个性生命，实现"知识课堂"向"生命课堂"的转变。

2. 缩小班级规模，实施小班化教学

在 20 世纪 80 年代前后，美国教育学家运用综合分析法，对班级教学的规模和教学效果之间的关系进行了大量的实验研究，他们把 24 ～ 34 人之间的小班作为实验班，与人数在 35 人以上的大班进行了比较，发现小班的学生成绩明显优于大班，即小班教学效果比大班好，班级越小，课堂教学效果越好。

因为，在小班教学中，由于学生人数少，教师的备课负担得以减轻，从而增加了教师与每一名学生接触的机会，有利于因材施教。而在现实中，我国目前中小学的班级规模，少则四五十人，多则六七十人，不利于教师照顾到学生的个别差异，使得课堂教学无法"对症下药"和因材施教，严重影响了教学质量。

班级规模过大不利于形成"学习与生活共同体"，课堂教学更无法关照学生的"生命世界"，以"公平"抹杀"效率"，以"统一"取代"个性"。因此，缩小班级规模，尊重学生的个别差异，落实因材施教的思想，实现学生富有个性化的学习，满足不同学生的学习需要，成为我国新课程课堂教学改革的一项重要任务。

三、主持化策略

随着社会生产力的快速发展和现代科技的突飞猛进，教育越来越呈现出终身化和全球化的趋势，这种趋势反过来又加速了社会生产力的发展和现代科技的革新。要适应 21 世纪经济、政治、科技、文化发展的质量要求，就必须培养出富有创造力的新型人才。而人才的培养就要靠教师。在某种意义上，教育改革的成败、教育质量的高低，国家的强

弱、民族的兴衰都取决于教师。教师素质的提高离不开传统教学观念的转化和现代教学理念的滋养，其中教师自身的角色定位是这种转化和滋养成功与否的一个重要体现。

"主持人型"教学打破传统的教学方式，使教师真正做到少讲、精讲，而把学习的主动权交给学生。这就是说，教师应该改变自己在课堂教育教学中的传统角色，主动地把自己的地位"降"下来，把学生在课堂教学中的地位"升"上去。改变传统教学中教师单极表演和学生被动静听的局面，使课堂成为师生之间进行交往、对话、沟通和探究学问的舞台。教师是一个具有社会性、可信性、审美性、情感性、个性的主持人，教师以"导"为主要任务。

教师作为主持人出现在课堂教学当中，而学生的角色也发生了质的变化，课堂成为学生展现个性的舞台，学生自然就是这个舞台的主要演员。然而，传统的课堂非但不是学生展现个性的舞台，反而成为扼杀学生个性的场所。传统课堂教学的"书本化"、"科学化"和"成人化"造就了学生生命世界的"殖民地化"，学生在这样的情况下难以有精彩的"演出"。

"课堂"究竟是什么？这关系着学生在课堂中的身份认同。如果按照《现代汉语词典（修订本）》的解释，就是："教室在用来进行教学活动时叫课堂，泛指进行各种教学活动的场所。"但是，按照现代教学理念来衡量与反思，我们就会看到：第一，课堂不是教师表演的舞台，而是师生之间交往、互动的舞台；第二，课堂不是对学生进行训练的场所，而是引导学生发展的场所；第三，课堂不只是传授知识的场所，而且更应该是探究知识的场所；第四，课堂不是教师教学行为模式化运作的场所，而是教师教育智慧充分展现的场所。由此可见，课堂只能是属于学生的课堂，是学生展露生命个性的舞台。在这个舞台上，教师以"主持人"的身份拉开课堂教学的序幕，学生则尽显"演员"的才华横溢。

第五节 教学管理的创新

课堂以教学为主，教学以学生为先，有效的管理是课堂教学顺利实施的保证。当今社会，向管理要质量、要效益已成为各行各业求生存、促发展的强烈要求。要提高课堂教学质量，提高学生生命质量，就必须重视课堂教学管理，实现课堂教学管理的创新。

一、管理目标创新策略

管理目标创新就是通过打破传统课堂教学管理单一的、整齐划一的、预设的目标，形成全面的、个性的发展目标。课堂教学管理的目标受制于课堂的教育目标。当今世界人与社会发展的现状、趋势与需求，越来越强烈地要求必须坚持一个完整的教育目的观，塑造一个完整的教育。只有完整的教育才能促进人与社会朝着符合人性的方向和谐、全面地发展。因此，在确立课堂教学管理目标时，既要立足于总体的教育目标，也要立足于是否有利于课堂教学的有效开展，是否有利于学生自主地参与课堂教学活动。

设置具体的课堂教学目标。具体的课堂教学目标即达到规范课堂教学行为，维持课堂教学秩序，保证课堂教学的顺利开展等的最基本的目标。这主要体现在积极强化预设的基本目标，建立课堂教学常规，使学生达到专心于课堂教学活动，为自己的行为负责并表现出健康和谐的人际关系。这种目标可以通过契约的形式加以具体化。

设置发展性目标。这里的发展性体现在两方面：一是立足于学生的发展，包括学生知、情、意、行的发展；二是立足于整个课堂教学的发展，即促进课堂的生长和可持续发展。发展性目标的设置要考虑如何有利于激发学生兴趣，如何把个人目标与集体目标、一般目标与具体目标相结合。这种发展性目标要能够促进全体学生的全面发展，要有利于学生学习方式的变革，有利于学生生命自由的生长，能够引导学生进行自我管理、自我控制，形成正确的课堂行为。师生通过共同建构课堂教学目标，形成与课堂发展共同的愿景，致力于共同的努力方向，理念共享，愿景共建，从而实现课堂创新。

总之，课堂教学管理的目标的设置既要为学生确定正确的目标，又要纠正学生的错误目标，为整个课堂教学管理体系树立正确的方向。

二、课堂问题管理创新策略

问题是创新的起点。这里的问题指的是"课堂问题"，它既是课堂教学管理的对象又是课堂教学管理的资源，它与"课堂问题行为"既有联系又有区别。课堂问题是指在课堂中需要解决的矛盾、冲突和疑难，影响课堂教学秩序和教学效率的行为和因素，它需要的是沟通和协商；而课堂问题行为是指在课堂中发生的对课堂教学秩序和教学效率起负面作用的行为，表现为漫不经心、态度冷漠、逃避责任、师生关系紧张、活动过度等。在课堂中会出现很多问题，但是这些问题并不是都会产生问题行为。因此，面对课堂问题既不能消极回避，又不能抓住问题不放，有些问题甚至可以转化为创新行为。把握好课堂问题管理也是课堂教学管理创新的一个重要策略。

1. 分析问题的来源与性质，正确对待课堂问题

分析问题的来源与性质，就是要准确地理解所发生的事情，倾听、观察确认问题的真实情况，问题出在哪里，为什么会有这种问题，这种问题是否可以转化为创新行为，应该选用哪种措施解决或者转化。

对待课堂问题要有宽容之心，应该认识到，因为学生缺少足够的观

察能力和判断能力，课堂教学中出现问题是不可避免的。有学者甚至认为对待学生应该坚持无错原则。学生需要的是学习而不是惩罚，同时惩罚也容易误导学生用暴力行为去解决个人的问题，会造成更多的问题行为。但是，"宽以待人并非容人之非"，宽容学生的错误并不是要忽视引起错误的根源，而是应该帮助学生找寻其错误思想和行为的根源，使学生从源头上消除不良思想的影响，认识到自身的问题。

2. 利用问题，因势利导

发挥问题可能被挖掘的教育资源，激发学生的探究心理，让学生共同来处理问题，解决问题，并可以就该类问题得出一定的规律，形成一些规范，并进一步发展为一定的契约，在日后的课堂教学类似情景中使学生自主管理更具可操作性。

3. 理解信任学生能自行解决课堂问题

学生具有主观能动性，能够对课堂问题做出正确的判断，并选择正确的问题解决方案。学生和教师都应该以最短的时间弄清楚课堂问题发生的真实原因，了解当事人的真实感受，并以信任的态度引导当事人主动改变自己的行为，并对已存在的问题负责。

4. 通过问题解决，促成学生的成功体验

课堂问题管理最首要的是关注这些学生的发展需要，全面了解这些学生的信息，给他们更多的参与管理的机会，提高他们的责任心，使他们在自我管理中获得进步和成功。这种成功体验可以使学生形成真善美的统一动机，形成更强的协同倾向，超越自我，超越人我分歧。

教师要帮助学生在对自己的行为判断中关注自己在课堂中的位置，并对自身产生的课堂行为形成正确的价值判断与关联思考，尊重他人又尊重自己，尊重相互行为表现。要在学生中间树立"学会关心"的管

理意识，教给学生一定的移情知识，使他对同伴的某种行为在情感上接纳和态度上认可，避免出现嘲讽打击同伴的行为。

三、师生共建课堂环境

课堂环境是制约课堂教学管理的重要因素，这已基本成为教师的共识。大部分教师都会在课堂教学管理过程中为课堂创建整齐清洁、优雅宁静的环境。一般而言，过去对课堂教学管理中环境的探讨往往过分强调控制学生的消极行为，而不是着眼于创建一种激发和促进学生积极行为的环境。

"一分预防胜过十分治疗"，创建积极的、安全的课堂环境可以避免一些课堂问题行为的出现，但是如果这种易于让教师操作控制的课堂环境是由教师单边建构的，学生在这种环境下的循规蹈矩完全是迫不得已地奉命行事，这种课堂中的"正当行为"也是没有多大意义的，不能满足学生的心理和情感需要，一旦离开这一特定的环境，"正当行为"很难被迁移，而通过师生共建课堂环境就能很好地解决这一问题。

1. 师生共建课堂环境的含义

所谓师生共建课堂环境，是指在课堂教学管理过程中，师生双方按照民主合作的原则，共同参与建构课堂支持性环境，其中包括自然环境、心理环境和文化环境。这既能体现学生的主体参与意识，又为师生之间的民主合作搭建了一个交流的平台。

（1）师生共建课堂环境以相互尊重为前提

师生共建课堂环境的前提是教师和学生都有建构课堂环境的积极意识。由于生活经验的不同，不同的个体对课堂环境的看法和建议很可能是不一致的，这需要师生之间互相理解对方的感受，尊重对方的意见，面对分歧能通过民主协商和集体讨论来决定。

（2）课堂环境的建构要融入学生的兴趣

在课堂环境的建立与维护中，要充分融入学生的兴趣，由学生自行设计班训、墙报、宣传栏，由学生和教师共同讨论课堂座位编排方式等。这样，课堂环境一方面成了学生兴趣的自然表达，有利于教师了解学生兴趣和个性，实施因材施教。另一方面，教师和学生共同参与设计布置整个课堂环境，既突出课堂个性，体现班级特色，又会因自己付出了参与设计的劳动而倍加珍惜。融入了兴趣的课堂环境能增强课堂成员的舒适感、安全感和责任感。

（3）课堂环境的建构需要教师的积极指导

课堂环境中融入学生的兴趣，并不是说教师对环境建构放任不管。同课堂中的教学关系一样，教师在管理中仍然需要起主导作用，对学生提供积极健康的指导，引导课堂文化的正确发展方向，杜绝、抵制社会上一些不良风气进入课堂，尤其对辨别能力不强的学生要更多地施以正面教育，为学生积极参加到课堂环境的建构创设有利条件。

2. 师生共建课堂环境的内涵

课堂行为与课堂环境直接相关，课堂行为在很大程度上都是建立在良好的课堂环境的基础上的。师生共建课堂环境是要建构一种建设性、支架式的课堂环境。建设性的课堂环境是引导、促进积极的课堂行为，削减潜在的课堂问题行为。这种建设性的环境包括自然环境、心理环境、文化环境以及和谐的师生关系等。

（1）建立和保持建设性的自然环境

首先，要保持课堂的整洁、美观、优雅、和谐、秩序井然。科学合理地安排学生座位，打破那种一成不变、死气沉沉的编排方式，综合考虑学生的生理特点、个性特长、学习生活习惯、行为特征、同伴关系等。科学地设计课桌的大小高度、摆放的方式、间距等，美化教室墙壁、卫生角、宣传栏等。同时，还应注意那些独立于教室中的人而存在的具体因素，使课堂成员感到任何一个不当行为都会破坏这种环境，以此来增强课堂成员的舒适感、安全感和责任感。在建设这些环境的过程中，教师和学生应共同参与设计、布置，突出课堂个性，体现班级特色。

（2）把握课堂的情绪心理环境

首先搞好教学设计和策划，在课堂活动之前就确立好目标、教学方案、教学策略等，运用多种方法、教学艺术，多设悬念和开展讨论，变换刺激角度，多方面激发学生兴趣，集中学生注意，更多地保持学生旺盛的精力，合理安排课外活动，选择活动内容，控制课堂活动节奏；其次，在课堂教学中，教师应该尊重、信任和发挥学生的能动性，为学生营造"放心"的自主环境，相信学生能自己管理好自己；再次，激发学生的学习动机，关注学生的需要，一个基本需要都不能满足的学生是不可能专心于课堂教学活动的；最后，教师自身要保持良好的职业品质，以身立教，为人师表，具有一定的自我调控能力，同时还要有敏锐地接受来自学生及其他教师的反馈信息的能力，能及时地注意学生的情绪变化，并能帮助学生进行情绪调节。

（3）建立平等和谐的师生关系

首先，师生间应相互信任、相互宽容，"金无足赤，人无完人"，教师要能够理解和包容学生所犯的一些错误。其次，师生要进行必要的角色转换，教师要从"独奏者"的角色过渡到"伴奏者"角色，从此不再主要是传授知识，而是帮助学生去发现、组织和管理知识。学生要从"配角"主动担当"主角"并具有自我导演的意识，成为课堂意义的主动建构者、课堂生活的享受者。另外，教师还要重视学生的需要。对于教师而言，要"心中有盘棋，手中有杆秤"，全面了解学生的个性特征和学习需要，重视学生的差异性和课堂教学过程的情景性。

为·师·授·业·丛书

授业篇：

教师的创新意识

下

李加义 ◎ 编著

中国出版集团

现代出版社

图书在版编目（CIP）数据

授业篇：教师的创新意识（下）／李加义编著. —北京：现代出版社，2014.3

ISBN 978-7-5143-2175-3

Ⅰ.①授… Ⅱ.①李… Ⅲ.①创新意识-通俗读物
②创新意识-通俗读物 Ⅳ.①I-49

中国版本图书馆 CIP 数据核字（2014）第 008510 号

作 者	李加义
责任编辑	王敬一
出版发行	现代出版社
通讯地址	北京市安定门外安华里 504 号
邮政编码	100011
电 话	010 - 64267325 64245264（传真）
网 址	www.1980xd.com
电子邮箱	xiandai@cnpitc.com.cn
印 刷	唐山富达印务有限公司
开 本	710mm×1000mm 1/16
印 张	16
版 次	2014 年 4 月第 1 版 2023 年 5 月第 3 次印刷
书 号	ISBN 978-7-5143-2175-3
定 价	76.00 元（上下册）

目　录

第四章　教师教学技能的创新（下）

第六节　教学情感的创新

我们在教育教学中，不一定非要拘泥于程序化，刻意去雕琢。其实，教育无处不在，无时不在，无事不在，有时是显性的，有时是隐性的，隐性、无痕的教育往往更耐人寻味。可是，令一些教师感到苦恼的是，他们很卖力地教，学生却不买自己的账。尽管教师在"循循善诱"，但学生往往是启而不发，教师煽"情"，学生无"情"。遇到这种情况，有的教师埋怨学生没有情感，却很少问问自己为什么没有打动学生。

情感积累的过程就好像飞机起飞那样，不断地加速，才会腾空，如果光匀速运动，就不会达到目的。因此，在教学过程中，有一定量的积累，才会调动学生的情感，才会使学生入戏，调动学生的主动性。而这些也与学生的"双基"程度有关。我们不能错误地认为，满足学生的学习兴趣就是以牺牲或者降低"双基"为代价，应当处理好学习兴趣与基本知识和基础技能之间的关系。

过去，我们过于偏重"双基"，把教学活动与现实生活、学生的情感世界、学生的身心发展割裂，没有考虑受教育者不仅需要进行智育的开发与训练，而且还需要在品德方面进行锤炼的问题。但是，如果没有比较厚实的"双基"，学生也就无法准确地对课文中的知识进行正确的理解，也就不能恰如其分地表达出情感。

一、善于引领学生体悟生活

反思我们的教育教学，学校对学生的德育教育，尽管花费了很大的精力，但相当一批学生并没有真正地从内心去接受、去认同。常常发现学生学了很多富有哲理的名言警句，也有不少学生能说出很多人奋斗成才的故事，但是学生的作文仍是干巴巴的。为什么会这样？其中一个重要原因就是缺少学生可以参与、体验、感悟的情境。学生被圈在学校内、陷在题海中，远离生活。教师应该为学生创造品味生活、解读生活的环境，才能使教育内容密切联系现实生活与学生生活，让学生在具体情境中体验。

新课改要求教师要更新教育观念，但不是简单地否定传统的一切观念，而是摈弃那些不符合时代发展、被实践证明是落后的观念。在强调培养学生情感、态度与价值观以及能力培养时并不是要削弱学习基础知识。有人说，对基础教育而言，从"知识中心"转移到"能力中心"，从"学会知识"转移到"学会学习"不宜过分提倡。对此，不能简单地看待这个问题，不能从一个极端走向另一个极端。知识和能力对中小学生来说都是重要的，只是在不同的时期，对学生能力和知识掌握的要求程度不尽相同。我们不能局限在让学生掌握书本这一狭窄的知识范畴，而应该让学生掌握学习的方法与过程，不断提高与之相匹配的学习力，也就是要寻求一种平衡。

情感、态度与价值观不是在课堂上"做"出来的，它应该是一种自然的、水到渠成的东西。因此，教师应当创造性地组织教学，应当灵活地设计教学活动，使教学活动能促进学生的知识生成、参与度与创造力。

一位地理教师在讲地形地貌特点时，挖掘教学资源培养学生的

"文化意识"。如：播放腾格尔的平缓、悠扬的歌，展现蒙古高原、平原、草原的特点；播放刘三姐的有回音特点的歌，展现云贵高原山峦连绵的特点；播放郭达小品中"换大米"的歌并加上动作，展示黄土高原千沟万壑的地形地貌。将文化资源渗透到地理学科的教学，不仅加深了学生对知识的理解与记忆，也让学生鉴赏了音乐，在一定程度上达到了培养学生情感、态度与价值观的目的，一举数得。不同的文化背景往往形成不同的文化价值取向。如桥牌体现了一种合作意识，围棋体现出整体观念。由此可见，有效地利用不同的文化资源也可以加深对课程知识和一些教育的理解。

情感、态度与价值观目标的落实要求教师的角色定位应该准确。教师是学生学习的组织者、引导者与合作者，教师应当加强与学生的沟通与对话，包括：建立友好的对话关系，接纳、沉默和倾听，澄清与引导等。与学生沟通的关键是与学生保持一种平等的关系，教师与学生沟通时应当真情流露。

情感、态度与价值观的培养不能游离于社会现实问题情境之外。爱因斯坦说，提出问题往往比解决一个问题更重要。教师在课堂教学中应该善于创设问题情境，培养学生的问题意识，提高他们发现问题、分析问题和解决问题的能力。中国有一个成语叫做"曲突徙薪"，说的是古时候有位客人去探访一家主人时，看见他家灶上砌了一个很直的烟囱，靠近烟囱的地方还堆积了很多柴草，便建议他把烟囱改成弯曲的，柴草要搬远一点，以免引起火灾，可这家主人没有采纳他的意见。突然有一天这家失火，在邻居的帮助下把火扑灭。事后，他宰羊摆酒答谢那些救火的人，可那位劝他把烟囱改成弯曲的客人却没有被请来。发现问题、提出建议的人被忽略掉了，而那些解决了原本可以避免的问题的人受到了答谢。其实，我们的教学又何尝不是如此呢？我们往往将关注点放在分析问题和解决问题上，而忽略问题的提出。

　　情感、态度与价值观的培养需要教师有比较丰富的教育教学技巧。比方说，学生的问题意识的培养，离不开学生对问题的琢磨与思考过程，那么，教师在这个过程中应该怎样去引导呢？学生问题意识培养的一个重要途径就是教师善于提问，以此达到启发学生思维的目的。教师首先要明确提问所要达到的目的，其次要使用正确的提问方式。一般来说，问句具有封闭式和开放式两种。开放式问句又演化为澄清式问句、探索式问句等，封闭式问句也演化成含第三者意见的问句、强迫选择的问句、多重问句、对答案具有暗示性的问句等。教师在提问时应注意多用开放式问句，慎用封闭式问句。

　　再如，教师在评判学生作文、试卷时往往考虑的是自己的感觉，或者说是以成人的眼光来测量儿童的心理活动，而不是站在学生的角度去体会学生的感受。如果我们的教师以评判的身份居高临下对学生的作文、答卷进行批阅，将自己的观点强加给学生，而不是以一名读者的身份去倾听、恳谈和交流，那么学生就会因为缺乏成就感而丧失学习的信心。

二、要体现教育的民主、理性

　　每一个人在工作、生活中常常会出现这样或那样的"过错"，不仅学生如此，教师也不例外。出现过错并不值得大惊小怪，重要的是怎么去对待。我们应该树立一种意识，即勇于为自己做过的事情承担责任，也就是说要"敢做敢当"，这正体现了做人所需要的诚实和守信。

　　美国《芝加哥快报》的编辑总监道格拉斯在我国做教育援助志愿者时讲过他自己的一段故事。道格拉斯与妻子离婚后，5 岁的小女儿琼妮归他抚养。他教育琼妮逐渐明白了一个道理，即在人最宝贵的品质当中，诚实、善良、勇于承担责任排在前三位。在此前提下每个人都有权利做自己愿意做的事情，只要不违背大家共同承诺的游戏规则。在此基础上父女俩达成一个共识，即撒谎就必须接受惩罚。一次，当小琼妮将幼儿园的拼图游戏板偷偷带回家，并撒谎说是同学给她的，父亲除了要她退回玩具、当面向老师道歉之外，还给出了三种惩罚要她选择：一是一个星期内不能吃冰激凌，二是取消周日的野餐，三是接受肉刑——在屁股上狠揍两巴掌。琼妮选择了第三种。于是道格拉斯不得不打电话把前妻叫来当"监刑官"。

过了一周，因为周日带女儿玩了一天，贪睡懒觉，道格拉斯没有按时起床。当他开车送女儿到幼儿园时，已经迟到了。园长劳拉女士微笑着问小琼妮为什么迟到，道格拉斯代她答道，因为昨天在公园里玩累了，小琼妮今天早晨多睡了一会儿，请老师原谅。听后，小琼妮却不让了，愤怒地大叫："不！爸爸，你在撒谎！我没有贪睡，贪睡的是你！"尴尬的父亲不得不向园长承认自己说了谎，并向女儿道歉。这时，小琼妮严肃地说："现在有两种惩罚方式你可以选择：一是取消本周末和辛蒂小姐的约会，二是接受肉刑。"于是，在园长的"监刑"下，幼儿园的上空响起了一个稚嫩的童声——"请这位绅士体面地接受肉刑"。

这件事的处理过程，反映了道格拉斯的民主教育理念。如：以民主协商的方式来实施因过错而应受到的惩罚；在实施惩罚时设监刑官，使惩戒能够做到公正、合法，尺度把握恰当，保护被惩罚者的尊严与人格。同时也说明了这样一个道理：一个人，如果是因为自己的过错而受惩罚，那么并不是一件有失体面的事。相反，那说明你是一个敢于负责、勇于担当的人。教师在教学工作中经常会出现一些过错，有主观、也有客观的原因，这就需要我们具有宽广情怀，体现出课堂教学实事求是的精神。

三、教师的平民意识

教育的民主，归根结底是我们应该实施的一种适合儿童和青少年的教育。同时，通过我们的教育引导，使儿童和青少年主动地去适应教育。

美国加州的一个小学的校长为了鼓励学生读书，有一天向全校650 名学生宣布，如果全校学生能在 4 个月内读完 7000 册图书，他就在圣诞节前当众亲吻一只小猪。此言一出，顿时激起了学生们疯狂读书的热潮。家长们看着那些平时玩到天黑都不归家的"淘气包"突然变成了勤奋好学、埋头读书的"小书迷"，感到大惑不解。学生们"猛啃"到圣诞节前，终于按时读完了 7000 册书。于是，这位童心十足的校长从隔壁大学的畜牧系借来一只小胖猪，请全校学生围在自己身旁，很隆重地举行了一个当众亲吻小猪的仪式。顿时，现场的气氛达到了高潮。这位校长没有"师道尊严"，也没有沉闷的说教，这一幽默的举动使每个学生至少阅读了 10 本以上的课外书，将对学生的阅读、写作能力的提高以及激发学生读书的兴趣起到促进作用。

从这个有点可笑的故事中，我们可以看到这位校长的平民意识与民主作风。举这个例子并不是倡导教师也去模仿这位美国校长的做法，但是否可以从中体味到教师如何与学生建立一种亲密和谐的关系，去用一种有效的方法来调动学生学习的积极性呢？爱因斯坦说："学校的目标始终应当是青年人在离开学校时，是当作一个和谐的人，而不是作为一个专家。"

第七节　板书的创新

俗话说：字是人的"门面"。其实，字不仅是人的"门面"，而且还反映了一个人的气质。教师上课板书、批改作业的字笔笔挺拔、字字清秀、端正齐整、惹人喜爱，反映了勤勤恳恳一丝不苟的良好品质。而他们所教的学生，作业往往像教师一样，字字清楚、行行分明、学风严谨。

作为一名教师，能把字写得好些，堪称学生的表率，无疑是教学中的一大优势。小学教育的对象是天真无邪的孩子，他们模仿力很强，教师的一言一行都会被奉为楷模。写字本身是直观性很强的东西，学生更容易受到熏陶。作为教师自己，一定要有严谨的态度，批改作业、备课写教案、上课板书，都应持之以恒地严格要求自己，书写力求规范，绝不能图省事、抢时间，而随心所欲、"龙飞凤舞"。

一、课堂板书

板书是教学的重要环节之一，运用得当，有利于提高教学质量。板书是课堂教学中十分重要的教学手段之一，作为教师，应努力提高自身的板书艺术，为自己的教学增光添彩。

1. 板书的格局

板书布局是指如何利用板面的问题，常见的板书布局有：中心板，以黑板中心为主板，两侧留有少许板面，以供辅助板书用；两分板，板面一分为二，左侧为主，右侧供辅助板书用；三分板，以黑板左侧为主体，中间部分为副板，右侧作为机动板；四分或五分板。

2. 板书的形式

提纲式：简明扼要地概括教学内容的重点，按教学顺序依次书写；

表解式：把所授内容，按归属关系，用大、中、小括号，相应囊括，使其层层展开；

图示式：采用边讲边书的形式，内联外延；

表格式：把应比较的项目列于一侧，比较内容由学生填答。

3. 板书的内容

板书内容应包括课题名称、教学内容的简要提纲、重要的结论以及讲述中出现的术语、名词概念和应用式等。板书的内容应力求提纲挈领、条理清楚、层次分明，应避免"不板书"、"随意板书"或"满板书"。

4. 板书的时机

先讲后书：分析、归纳前述内容、提出结论后再板书；

先书后讲：对一些抽象难懂的概念，先书后讲，逐字逐句分析，以达到消化理解的目的；

边讲边书：利用师生双边关系，边讲边书，拓展学生思维。

5. 板书的速度

板书是课堂艺术，但在实践中往往出现两种倾向：书写过快，字迹潦草，边书边擦、效果不佳；书写过慢：学生边做笔记边等教师。因此，板书速度应略快，以增加课堂教学的密度和节奏感。

6. 板书的字体

板书字体大小，应根据教室大小、听课人数多少来定，以最后一排学生看清为准。如遇特殊要求，为引起学生注意和强化记忆，亦可大书特写，字体应力求规范化，不要生创简化字，一般不过于工整。课堂板书一般以行书为好。

7. 板书的字迹

粉笔和黑板质量好坏以及书写用力程度，直接影响板书的着色，即清晰度。所以，学校应注意购买质量好的粉笔和黑板。

二、怎样设计出科学合理的板书

板书是对教学内容的加工和提炼，科学合理的板书设计应该体现其精、美、严、实、新、活六方面的特点。

精——板书设计的语言文字精当凝练，符号线条简洁明快，对课文具有概括归纳作用。

美——从板书设计的内容到形式，不管是"对称美"、"错落美"、"新奇美"，还是其他什么美，都应讲求一个完整、清楚、简练、明了、规则、协调，给人以愉快舒服之感。

严——严格遵循课文本身的逻辑，明白体现教师严密的教学思路。

实——如实反映课文及文章意图，又要讲求实效，学生看起来易领会、易记录、易掌握。

新——围绕教学目的，抓住重点，设计新奇巧妙的板书，能让人产生新鲜感，引起学生积极的认识倾向，形成学习的最佳心理状态。

活——根据不同的篇章，不同的情况，灵活运用各种板书设计方式——图表式、梯级式、对称式、框架式、勾画式，线条式、对称式、闭合式、辐射式、绝句式等进行教学。

第八节　布置作业的创新

家庭作业是独立学习的一种形式。因此，几乎所有关于独立学习的章节包含的信息都适用于家庭作业。不过，在布置家庭作业时，还可以运用以下这些补充的技巧。

让学生、家长和监护人了解何时会布置作业，布置作业的频率，大约需要多长时间来完成作业。根据实际经验可得出以下法则：三年级（含）以下的学生，每个学习日的作业量不超过 20 分钟；四年级至六年级学生，大多数情况下是每个学习日 20～40 分钟；七年级至九年级学生，每个学习日两小时；更高年级的学生，每个学习日两个半小时。

要保证作业的目的性明确。可以让学生复习或操练正在学习的知识，使学生从更深层次或更广泛的领域去探索知识，使学生为第二天的上课内容做好准备，或者教学生如何使用如图书馆、参考书这样的学习资源。绝对不要把家庭作业当成惩罚的手段（这是一个很糟糕的目的，因为学生会对家庭作业产生抵触情绪）。

要保证学生理解教师布置该作业的良好意图和意义。要保证作业布置得清楚，学生既知道要完成什么内容，也知道如何去完成。作业不能太难也不能太容易。作业内容要多变，设法布置一些能满足学生个体学习差异的作业，要考虑到学生的不同能力和注意力差异。让学生把在校的学习习惯带回家（例如要减少分散注意力的因素，以及要确保有充足的帮助完成作业的学习资料）。

就作业的完成情况给予学生反馈。学生必须了解作业的批改结果。哪些地方做得好，哪些地方做得不好，如果有需要就给予辅导（重新教一遍）。作业如果不批改，对学生来说是毫无用处的，反而让学生觉得这不过是让他们有事可忙的手段。更糟糕的是，错误如果得不到纠正，学生把错误当成知识来掌握。

和家长以及监护人合作，确保家庭作业在质量和时间长度方面能达到教师的预期要求，并调查家庭作业对学生的家庭生活造成了哪些影响（积极的和消极的）。

好的家庭作业和好的学校作业一样，能激发学生对学习的热爱，而糟糕的作业对学生具有摧毁性的作用。

独立学习是一种绝佳的教学方法，它可以为几个重要的目的服务。大多数情况下，教师是为了复习或操练信息而采用这种方法。然而，这种方法还帮助学生获得使他们终生受益的学习技能。

在独立学习过程中，教师的角色是促进和指导学生要达到这个目标，你不光要在场，而且必须进行积极的监督。如果你不能在场或者不能实行监督，比如学生做家庭作业，那么你必须找别人来填补这个角色。关于独立学习的好处、研究如何布置好的独立学习作业，人们普遍拥有大量的一致意见。因此教师应当充分利用这一教学方法，这将使教师成为一名更优秀的教师，帮助学生取得进步，从学习中获得满足感。

第五章　塑造学生人格能力的创新

有人说"人心不同，各如其面""江山易改，本性难移"，还有人认为"人格是人生成败的根源之一"，这都说明了人格在人与人之间存在着差异，以及人格形成后的稳定性及重要性。创新能力与人格有着非常密切的关系。人格中的各要素均具有两重性：既可以向有利于创新能力发展的方向发展，又可以向不利于创新能力发展的方向发展。有利于创新能力发展的良好的人格要素，人们称之为"创造性人格"，而若形成一些不好的人格要素，则会阻滞个体创新能力的发展。从创新教育的角度来说，良好的人格作为人的创新能力发展的动力，塑造学生良好的人格特征，对其今后从事创新活动，取得事业的成功具有重要的作用。

第一节　人格的解读及相关理论

一、人格的解读

"人格"一词，来源于拉丁文 person，意指演员所戴的面具，后引申为演员所扮演角色的特征。人格这个词在心理学中的广泛应用起始于 20 世纪 30 年代，当时主要作为性格（character）的替代概念而出现。当代心理学中有许多不同的理论来描述和研究人格，它们的出发点、解释的内容也各不相同，最著名的是特质说和类型说。

1. 人格的内涵

在我们日常生活中常常会用到"人格"这个词，如"不能污辱人格"，"保持高尚的人格"、"培养健全的人格"等。我们平时所说的人格往往随情境的不同而有道德意义上的、社会学意义上的、哲学或法律意义上的不同含义，也就是说不同的学科领域对人格有着不同的理解。

在心理学中，"人格"也是涵盖领域较宽泛的一个概念。到目前为止，由于不同心理学流派及心理学家的研究取向不同，对人格的看法也存在着很大的差异。早在 20 世纪 30 年代，就有美国心理学家统计出人格定义不下三十种。经过后来的整合归类，人格的现代定义也有十几种之多。

最为综合性的定义可算是台湾心理学家杨国枢教授在其所著的《普通心理学》一书中所作的："人格是个体与其环境交互作用的过程中所形成的一种独特的身心组织，而这种变化缓慢的组织使个体适应环境时，在需要、动机、兴趣、态度、价值观念、气质、外形及生理诸方面，各有其不同于其他个体之处。"这一定义几乎把个性倾向性及个性心理特征均涵括了进去。

黄希庭教授在论述"性格"这一概念时，对"人格"这个词却有如下的解说："美国心理学界不常用'性格'一词，欧洲心理学文献中，'性格'一词常等于'人格'。不过，西方心理学文献中的'人格'概念与我国文献中'个性'或'个性心理特征'的概念也不尽相同。大多数西方心理学家的人格概念一般仅指'气质'和'性格'，而不包含'能力'。"该段论述是值得重视的，也就是说，在国际心理学界，多数倾向于人格是指个性心理特征中的气质与性格的内容。我们在课题研究中，也依据这一界定，而着重探讨在创新教育中，优化学生的气质与性格对学生创新能力培养的影响。

2. 人格的特征

人格作为一个内涵丰富的概念，尽管学术界对其有不同的解说或界定，但建立在对人格是一个人区别于他人的稳定而统一的心理品质的共同认识基础上，目前一般认为人格具有以下几点基本特征。

独特性：个体的人格是在生物遗传因素、自然环境因素、文化环境因素、家庭环境因素、学校环境因素及自我调节因素等共同影响和作用下形成的。人与人之间，各因素的影响内容、作用大小及影响方向均有不同，因此，任何人之间不可能产生相同的心理面貌，因此，人格是千差万别、千姿百态的，这就是人格的独特性。从宏观上来讲，人格的独特性还表现在相同社会群体（民族、国家、地域性群体等）的人也会具有一些共同的人格特征，体现出同一社会群体的人们性格的独特性。但是，同一社会群体中的不同个体，其人格又是独一无二的，体现出个人人格的独特性。

相对稳定性：作为一个成熟的个体，其人格具有相对的稳定性，所谓"江山易改，本性难移"说的就是这个道理。那些偶然发生的心理特征，则不能认为是其人格特征。比如一个性格内向的人，在交往、文娱活动、学习讨论等活动中，往往会表现出不善交际、沉默寡言的特点，尽管因某种原因偶尔也会表现出与其一贯特点截然不同的举动，但不能算是他的人格特点。我们说人格的稳定性也是相对的，是因为一个人的人格也并不是一生中一成不变的。随着身心的成熟、环境的改变，甚至一些重大事件的影响，人格在某些方面也可能会产生或多或少的变化。从这一意义上来说，人格又具有一定的可塑性。

功能性：一个人的人格会影响到他的行为方式、处事态度等，甚至决定他工作的成败乃至一生的命运。人格形成后对人的影响可以说是多方面的，存在于日常的各种情境之中。同样的际遇或境况，具有不同人格特点的人会采用不同的处理方式或策略，有时会引出迥然不同的最终结果。我们研究人格，也是建立在对人格的功能性的重要认识基础上的。

整体性：一个人的人格由多种成分构成，但各个成分不是彼此完全孤立的，而是具有一种相互联系、相互制约、相互依存的关系。由多种成分构成的人格是一个有机整体，具有内在的一致性，并受自我意识的调控。健康的人格是指人格结构各方面彼此和谐一致，当某些方面产生割裂或矛盾时，个体会出现适应性的困难和障碍，甚至会出现人格分裂，产生心理与行为的异常。

二、人格理论

人格有着复杂的心理结构，研究者们为我们提供了众多的描述人格的理论观点，其中最有代表性的是特质理论和类型理论。

1. 人格的特质理论

人格特质理论起源于 20 世纪 40 年代的美国。主要代表人物是美国心理学家奥尔波特和卡特尔。这一理论认为，特质是个体有别于他人的基本特性，是人格的有效组成元素，也是人格的测量单位。

20 世纪 80 年代末以来，人格特质理论的研究者们在人格描述模式上达成相对一致的共识，提出了人格五因素模式。这五种人格特质是：

稳定性——焦虑、敌对、压抑、自我意志、冲动、脆弱；

外向性——热情、社交、果断、活跃、冒险、乐观；

开放性——想象、审美、情感丰富、求异、创造、智慧；

随和性——信任、直率、利他、依从、谦虚、移情；

谨慎性——胜任、条理、尽职、成就、自律、谨慎。

2. 人格类型理论

人格类型理论起源于 20 世纪三四十年代的德国。类型模式主要是用以描述一类人与另一类人之间的心理差异。这一理论把人格类型概括为三种模式：单一型模式、对立型模式、多元型模式，T 型人格、内向外向人格、我国古代的阴阳五行说都印证了这三种模式。

（1）单一型模式——T 型人格

T 型人格是一种好冒险、爱刺激的人格特征。依据冒险行为的积极与消极性质，T 型人格又可分为 T + 型和 T - 型。如果冒险行为是朝向健康、积极、创造性和建设性的方向发展时，就是 T + 型人格；如果是破坏性和消极的刺激行为，则被视为 T - 型人格，如酗酒、吸毒、暴力犯罪等的社会行为。在 T + 型人格中，依据活动特点又将他们分为体格 T + 型，如极限运动员通过身体运动来实现追求新奇、不断刷新的动机；而从事科技创新的科学家或思想家则被称为智力 T + 型，如爱因斯坦等人在知识领域的探索和创新。

（2）对立型模式——内向与外向人格

内向与外向是以心理活动的指向性为指标的心理类型。把心理活动指向于外部世界的人格特征称之为外向人格。具有这种特征的人善于把心理活动展现于外，情感外露，自由奔放，当机立断，不拘小节，独立性强，善于交际，有较强的实行力与统率力等。心理活动指向于内心世界的人格特征被称为内向人格。具有这种特征的人善于隐匿丰富的内心世界，他们做事谨慎，情感内敛，藏而不露，深思熟虑，不善交际，好内省，缺乏实际行动，适应环境困难。任何人都具有内向和外向这两种心理机制，只是看哪一种心理机制占优势，来确定这个人是外向型人格还是内向型人格。还有一类人两种心理机制任何一种均不占优势，属均衡型人格，我们将其归类为中间型。

（3）多元型模式——中国古代的阴阳五行说

我国春秋战国时期的著名医书《黄帝内经》按阴阳强弱，把人划分为太阴、少阴、太阳、少阳、阴阳平和五种类型。太阴之人：多阴无阳，其人格特征是胆小、孤僻、多疑。少阴之人：多阴少阳，其人格特征是沉静、节制、稳健、嫉妒心强。太阳之人：多阳无阴，其人格特征是大胆、进攻、傲慢、暴躁。少阳之人：多阳少阴，其人格特征是外露、乐观、机智、随和。阴阳平和：阴阳均衡，其人格特征是平静、适应性强。

第二节　气质与教育

气质是在人的生理素质的基础上，通过生活实践，在后天条件影响下形成的，并受到人的世界观和性格等的控制，一般通过人们处理问题、人与人之间的相互交往显示出来的，并表现出个人典型的、稳定的心理特点。气质对人的认识活动、情感活动以及意识活动都有一定的影响，教育工作者要帮助学生认清自己气质的积极方面和消极方面，通过教育的作用和个体的主观努力，扬长避短，帮助学生提高学习效率，形成良好的个性品质。

一、气质的解读

1. 气质的含义

气质是个人心理活动的稳定的动力特征。这一概念同我们平时所说的"禀性"、"脾气"相近似。盖伦最先提出了气质这一概念，用气质代替了希波克拉底体液理论中的人格，形成了 4 种气质学说，此分类方式一直在心理学中沿用至今。

气质（Temperament）是表现在心理活动的强度、速度、灵活性与指向性、等方面的一种稳定的心理特征。人的气质差异是先天形成的，受神经系统活动过程的特性所制约。孩子刚一落生时，最先表现出来的差异就是气质差异，有的孩子爱哭好动，有的孩子平稳安静。

气质是人的个性心理特征之一，它是指在人的认识、情感、言语、行动中，心理活动发生时力量的强弱、变化的快慢和均衡程度等稳定的动力特征。主要表现在情绪体验的快慢、强弱、表现的隐显以及动作的灵敏或迟钝方面，因而它为人的全部心理活动表现染上了一层浓厚的色彩。它与日常生活中人们所说的"脾气""性格""性情"等含义相近。

气质是人的天性，无好坏之分。它只给人们的言行涂上某种色彩，但不能决定人的社会价值，也不直接具有社会道德评价含义。一个人的活泼与稳重不能决定他为人处世的方向，任何一种气质类型的人既可以成为品德高尚，有益于社会的人，也可以成为道德败坏、有害于社会的人。

气质在社会所表现的，是一个人从内到外的一种内在的人格魅力然后所发挥的一个人内在魅力的质量的升华。所指的人格魅力有很多的，比如修养、品德、举止行为、待人接物、说话的感觉等等，所表现的有高雅、高洁、恬静、温文尔雅、豪放大气、不拘小节、立竿见影等。所以，气质并不是自己所说出来的。而且自己长久的内在修养平衡以及文化修养的一种结合，是持之以恒的结果。

不同的人们在他们所进行的各种心理活动的速度、强度、稳定性、灵活性等方面往往表现出很大的差异。例如，某名学生上课经常抢先回答教师的提问，考试前总是躁动不安，参加比赛时总是沉不住气。这名学生我们说他具有情绪容易激动的气质特征。而某名学生在各种活动中总是表现得慢条斯理、沉着缓慢，我们说他具有安静迟缓的气质特征。个人的气质特点不依活动的内容为转移，它表现出一个人生来就具有的自然特性。

2. 气质的特征

天赋性：在个性心理特性中，气质是受个体先天生物学因素影响较大的一部分。具有某种气质特征的人，常常在不同内容的活动中，在不同目的的支配下，都会表现出同样方式的心理活动的动力特点。如有的人脾气急躁、易于冲动，在学习、工作和生活中，处处都会表现出难于控制自己的情绪；而有的人安静沉稳，在任何场合下都能心平气和，沉着从事。

稳定性：在后天的生活环境和教育的影响下，会使人的气质在某种程度上产生一些改变，但这种改变是极为缓慢、艰难的。俗话说"江山易改，本性难移"，这指的就是人的气质具有稳定、不易改变的特点。

掩蔽性：在某种情况下，个体的外部行为表现与其内在的气质并不完全一致。目前心理学界有人认为，气质的掩蔽性或许是个体有意识的主观努力的结果；也可能是长期的客观外界刺激，导致暂时神经联系发挥其机能作用，影响到神经类型的变化所致，或者两者兼而有之。这一问题的解答，还有待于进一步的研究探讨。

可塑性：气质具有天赋性，是比较稳定的个性心理特征，但也并非就是一成不变、不可更改的。由于社会生活环境对人的潜移默化或教育对人的塑造改造作用，人的气质也会产生一些缓慢的变化。这种变化被称为气质的可塑性。比如，长期生活在集体中，可以使一些情绪容易激动的人变得比较能够克制自己；紧张严格的部队生活活，可使一些缓慢迟钝的人变得敏捷迅速。一般认为，青少年学生在实现个体社会化的过程中，气质具有相对较强的可塑性。

二、气质的类型

1. 气质的类型特征

气质类型是指表现为心理特征的神经系统基本特征的典型结合。目前，心理科学尚未能编拟出构成气质类型全部特征的完整方案。但是，胆汁质、多血质、黏液质、抑郁质这四种气质类型的划分是当前人们普遍能够接受的观点。现将这四种气质类型的最主要心理特征分述如下：

胆汁质：这种人精力旺盛，热情直率，意志坚强；脾气躁，不稳重，好挑衅；勇敢，乐于助人；思维敏捷，但准确性差。他们心理活动的明显特点是兴奋性高，不均衡、带有迅速而突发的色彩。

多血质：这种人的行动有很高的反应性，他们容易适应新环境，结交新朋友，具有高度可塑性。他们给人以活泼热情、充满朝气、善于合作的印象。但他们注意力容易转移，兴趣容易变换，很难适应要求耐心细致的平凡而持久的工作。这种人属于敏捷好动的类型。

黏液质：属于黏液质的人缄默而沉静，由于神经过程平静而灵活性低，反应比较缓慢。这种人常常严格地恪守既定的生活秩序和工作制度，注意稳定且难转移。给人的外表感觉为态度持重、沉着稳健，不爱空泛清谈。这种气质类型的不足之处是有些固执冷淡、不够灵活，因而显得因循守旧、不易合作。那些要求持久、有条理、冷静的工作，对于黏液质的人最为合适。

抑郁质：这种人具有较高的感受性和较低的敏捷性。他们反应缓慢，动作迟钝，缺乏生气，不爱交际。他们的主动性差，在困难面前常常优柔寡断，面对危险常常恐惧畏缩。这种人很少在外表表现自己的情感，而内心体验则相当强烈。但具有这种气质类型的人往往富于想象，善于体察他人情绪，对力所能及的工作任务，具有较强责任心和努力完成任务的坚韧精神。

以上四种气质类型的典型特点有明显的差别，但现实生活中，并不是每个人都能归入某一气质类型，实际除极少数人外，大多数人往往较多地具有某一气质类型的特点，同时具有其他类型的一些特点，整体上属于中间型或混合型。

我国心理学工作者许智汉、阮承发等人曾对四川大学、南开大学、第四军医大学、复旦大学和安徽师范大学等五所院校的二、三年级共 364 名学生进行气质测定。发现我国大学生复合型气质的人多于单一型。文科大学生和理科大学生在气质类型上只有胆汁黏液质和胆汁多血质差异显著，前者文科大学生多于理科大学生，后者理科大学生多于文科大学生。男女大学生在气质类型上没有显著差异。

2. 气质类型的心理指标

要了解气质类型的鉴定方法，首先必须明确坚定气质类型的心理指标。根据目前心理科学所积累的材料，气质类型的心理指标由以下几方面构成。

感受性：指人对外界事物刺激的感觉能力。一个人感受性的大小，可以根据他产生某种感觉所必需的最小刺激强度以及产生反应的速度来判定。

耐受性：指人在经受外界刺激作用时表现在时间和强度上的耐受程度。它往往通过对长时间从事某项活动时注意力的集中性、对强烈刺激的耐受性、长时间思维活动的效率保持性等的测度加以判定。这一心理指标可反映不同个体神经系统的强度特征。

反应的敏捷性：这是神经系统灵活性的表现。它可分为两类：一类为不随意的反应性，如不随意注意的指向性、不随意运动的指向性等；另一类指心理反应和心理过程的速度，如语速、记忆的速度、思维的敏捷程度、注意转移的灵活程度，以及一般动作的灵活、迅速程度等。

行为的可塑性：这是指人随客观外界的事物变化而调整自己的适应性行为的可塑程度。这也是一种神经系统灵活性的表现。能较快、较好地顺应变化，适应环境的人具有较强的可塑性；而那些感知变化迟缓，对环境变化情绪上容易出现纷扰的人可塑性较小。

情绪的兴奋性：情绪的兴奋性与神经过程的强度特性和神经过程的平衡性密切相关。它包括情绪兴奋性强弱和情绪外观的强烈程度两方面。有的人情绪抑制力很弱而情绪兴奋性很强，这就明显地表现了兴奋和抑制不平衡的特点。

外倾性和内倾性：神经系统兴奋性强则表现为外倾性，而抑制过程占优势则反映出内倾性。外倾的人往往希望从外界环境寻求更多的刺激，其动作反应、言语反应、情绪反应倾向于外；而内倾性的人则相反。

3. 气质类型的鉴定方法

实验法：通过实验手段、运用一定的仪器了解被试神经过程的基本特征（如强度、灵活性、平衡性等），可获得鉴定被试气质类型的有关资料。例如用测定附加刺激物对绝对感受性的影响，可以了解神经系统的强弱参数；根据阳性条件反射形成的速度和分化形成的速度，可以测量神经系统的平衡性；应用条件反射的方法，可以研究神经系统的灵活性等。运用实验法来测定气质特性，因为可以创设最佳实验条件而使结果较为可靠。但需要一定的实验仪器，对主试的要求也较高。

观察法：是在未加任何控制的自然条件下，了解一个人的气质特征，并进而了解鉴定的方法。观察法较多地运用于评定一个人的行为特征、智力活动特征、言语特征及情绪特征等。尽管气质在生活环境的影响和个人主观意识的作用下常常受到改造和掩蔽，根据行为表现来判断一个人的气质相当困难，但因这一方法具有直接和简便的特点，因此仍是气质鉴定的常用方法之一。

量表测定法（问卷法）：量表测定法是广为应用的评定气质的一种有效方法。它要被试对量表中一系列经过标准化的问题做出回答，然后通过统计方法，分析出被试的气质特征。国外较著名的有瑟斯顿气质量表、斯特里劳气质量表等。近年来，我国心理工作者也作了有益的尝试，如张拓基、陈会昌编制的气质量表，将每种气质类型编出15道题目，共60题。将题目随机排列，然后根据被测者的回答，统计、分析、评定其气质类型。魏华中和阎军近年来将波兰心理学家斯特里劳 1983 年创制的 STI 气质调查表引入我国并加以修订，目前已在我国推广试用。应用量表测定法来判别气质类型具有较高的客观性和效度，但因受量表的质量和被试的态度等因素的影响，测试的结果难免会产生一定的失真。

上述方法各有其自身的特点，为了提高测量的信度，具体操作中最好综合使用各种方法，以求对被试做出较为客观的气质类型鉴定。

三、气质与教育实践

气质对人的认识活动、情感活动以及意识活动都有一定的影响，任何类型的气质均有积极的一面，也有消极的一面。我们一方面不能主观、片面地认为某种气质类型是好的，某种气质类型是坏的；另一方面又要认识到气质对学生学习活动、个性发展以及未来的职业适应均会产生一定的影响。教育工作者要帮助学生认清自己气质的积极方面和消极方面，通过教育的作用和个体的主观努力，帮助学生形成良好的个性品质。

1. 气质对学习活动的影响

气质作为神经活动的动力特点，会对学习的方式和不同学习内容的学习效率产生一定的影响。

苏联心理学家列伊切斯曾对两位同班同学 A 和 B 进行过追踪研究。A 生具有明显的多血质和胆汁质的特征，B 生具有明显的抑郁质的特征。

学生 A 在学习时表现为精力充沛，在从事紧张的学习和工作后只需要短时间的休息就能恢复精力，很少见他疲劳；能够一下子关心很多事物，复杂的情况或变化不会降低他的精力；他对新教材特别感兴趣并充满学习热情，但在复习旧教材时，明显地表现出缺乏兴趣。

学生 B 在经过一段时间学习后，很容易感到疲劳，要休息或睡一会儿才能恢复精力；对简单的作业，都要沉思和准备；在学习新教材时常常感到困难和疲劳，但在复习旧教材时，表现出主动性，思维具有惊人的准确性和明晰性。

学生 A 反应迅速，容易转向新的智力活动，他似乎立刻把他的潜能释放到最大限度。学生 B 则缓慢地、犹豫不决地解决问题，有时会出现停顿，但他能逐渐更明确、更完整、更正确地弄清问题。他思维的深刻性和细致性补偿了他思维欠敏捷的不足。学生 B 智力活动从数量方面是效率不高的，但质量方面则毫不逊色。弱的神经类型并没有妨碍 B 成为一位优秀的学生，不妨碍他的智力发展和毕业时获得金质奖章。

从学生记忆的效率来看，如果识记材料的数量多、难度大，那么神经系统强型的人比弱型的人效果要好；神经系统强型的人记忆大量的无意义音节效果较好，而弱型的人记忆大量有意义的文章效果较好；在动觉记忆方面，对于不复杂的任务（如再现切线几何图形的长度），弱型的人比强型的人记忆要好；而在复杂情境中（再认迷津结构），强型的人比弱型的人记忆要好。

气质在一定程度上决定一名学生学习的途径、方式、方法，赋予他智力活动以某种"风格""特色"，但不决定这名学生知识、技能、智力的水平。

2. 不同气质类型学生的教育策略

教师应该帮助学生自我认识并调适自己的气质，任何一类气质的消极方面均有形成不良个性的可能。教师要给予学生有关气质方面的基本理论和知识，并帮助他们客观地分析和认识自己气质特征中的长处和短处，并教会他们有意识地控制自己气质上的消极方面，发展积极方面。根据气质的可塑性特征，通过教育的培养和学生的自我调适，足能够使学生形成良好的气质特性的。

学生的气质特征是教师因人施教的依据之一。教师应当了解不同学生的气质特征和气质类型，做到因势利导，提高教育效果，培养学生良好的个性品质。任何一种气质类型的学生，在同样的学习任务中，通过努力都能取得好成绩，这是不可置疑的。教师的任务在于，通过对学生学习活动的方式、方法的指导，提高其学习效率和质量。在教育工作中也是这样，气质无好坏之分，但不同的气质，均存在着积极方面和消极方面，教师的工作，就是要促使学生扬长避短，培养良好的气质特征。

（1）对于气质类型偏于多血质的学生，要防止其粗心大意、虎头蛇尾、兴趣多变的弱点。注意要求他们在学习时要认真细致，刻苦努力，在激起他们多种兴趣的同时，要培养中心兴趣；在具体活动中，要求他们增强组织纪律性，培养其朝气蓬勃、满腔热情、善于思维等个性品质。对于他们的缺点错误，批评时要有一定的刺激强度，但又要耐心细致，尤其要做好他们改正缺点后的巩固工作，防止反复。

（2）对于气质类型偏于黏液质的学生，往往在集体中"默默无闻"而容易被忽视。教师对这类学生要以满腔热情吸引他们参加集体活动，激发他们的积极情绪，引导他们生动活泼、机敏地完成活动任务。具有这一气质类型特征的学生，比较安静勤勉，且不妨碍别人，但要注意培养他们高度的积极性、灵活性等品质，防止墨守成规、执拗等不良品质，杜绝可能发生的淡漠和萎靡不振。

（3）对于气质类型偏于胆汁质的学生，要防止和克服粗暴、任性、高傲等个性特点，着重发展其热情、豪放、爽朗、勇敢、进取和主动的个性品质。要求他们要善于控制自己，能沉着地、深思熟虑地回答问题，发表意见，活动中保持镇静而从容不迫。要注意培养他们扎实的工作作风、达观自持的待人态度。对他们的教育不可急躁粗暴，应该慢言细语，实实在在、干脆利落地讲清道理，努力抑制他们容易激动的状态。

（4）对于气质类型偏于抑郁质的学生，平时给人以呆板而羞涩的印象，这类学生最易出现伤感、沮丧、忧郁、孤僻等行为现象。但在友爱的集体和教师的关怀下，又能充分表现出细致、委婉、坚定、富于同情心等优良品质。对这类学生，教师应（同时也应该要求班干部）给予更多的关怀和具体的帮助。要着重发展他们的机智、认真细致、有自尊心和自信心的优良个性品质，防止怯懦、多疑、孤僻等消极心理的产生。要引导他们多参加集体活动，在评价过程中给予称赞、嘉许、奖励等，批评时"点到为止"。创造条件，安排他们从事有一定困难，要与他人交往和配合的工作，以鼓励、锻炼他们的勇气。

第三节　性格与教育

性格是一种与社会相关最密切的人格特征，在性格中包含有许多社会道德含义。性格表现了人们对现实和周围世界的态度，并表现在他的行为举止中。性格主要体现在对自己、对别人、对事物的态度和所采取的言行上。影响人的性格形成的因素很多，我们这里主要谈谈教育对性格形成和发展的影响，教育不仅仅指学校教育，还包括家庭教育、社会教育和自我教育。

一、性格的概念与特征

性格是一个人表现在对现实的态度和行为方式上的比较稳定的心理特征。它在人的个性中起着核心的作用，是一个人的本质属性的独特结合，也是区别于其他人的最显著、最集中的表现。

性格的特征，主要体现在以下三个方面：

1. 性格表现在人对事物的态度和他的行为方式中

态度是个体对待社会、他人或自己的一种心理倾向，它包括对事物的认识评价、好恶、亲疏等。态度的外在表现是行为方式，如对工作的热情投入、危难时的勇往直前、学习的勤奋刻苦等，这就表现了人对事物的不同态度，而不同态度和行为方式，则构成了人们的不同性格。

2. 性格是一个人独特的、稳定的个性特征

性格是独特的，我们在世界上不可能找到两个性格完全相同的人。尽管在某些性格特征方面不同的人会有相似之处，但就整体而言，"你就是你，我就是我"，每个人的性格构成和具体表现都具有鲜明的个性特点。

性格是一个人在生活实践中，通过不断重复和强化，在头脑中形成的以需要、观念为核心的态度体系和行为反应体系之间一种自动化了的、比较稳定的暂时神经联系系统。例如，有的人工作一贯勤勤恳恳、一丝不苟，对人坦诚随和、彬彬有礼，对自己总是自尊自律、谦虚克己等，这就构成了这个人的性格特征。而那些在某种情况下，属于一时性、偶然性的"反常态"的表现，我们则不能认

为是一个人的性格特征。

3. 性格具有可塑性

性格的可塑性是指由于客观环境的影响或个人有意识的主观努力，一个人的性格可以产生某种变化。如长期的集体生活，能使一个原本孤僻的人变得合群活泼；残酷的战争环境，可使怯弱胆小的人锻炼得勇敢无畏等。现实经验认为，少年儿童的性格可塑性较之成年人为大，但成年人的性格也有可塑性的一面。

4. 性格具有直接的社会意义，是个性中具有核心意义的部分

一个人的性格，是在社会生活过程中逐渐形成的，甚至有人认为，性格就是一个人的世界观和人生观以及他的思想作风在为人处事方面的集中表现。社会文化、生活地域的不同，也会塑造出人们的不同性格。如北方人和南方人，美国人和法国人，在性格方面就表现出诸多不同。接受不同的环境影响和教育作用，具有不同的物质生活条件和社会实践经历，也就在人们的头脑中形成不同的世界观、人生观和思想作风等，因而使人们表现出不同的性格特征。

不同的性格特征的社会价值是不一样的，例如，勤劳、公正、忠诚、礼貌等性格，对社会就具有积极意义；而懒惰、奸诈、粗野等性格，对社会就有消极影响。因此，就社会意义上来说，性格有好坏之分，凡符合社会主导文化、有利于社会进步的性格特征就属于好的性格，反之就是坏的性格。正因为性格具有直接的社会意义，具有人生观、世界观和价值观等内在属性，所以它在个性中具有核心的地位。

二、性格与气质、能力的关系

1. 性格与气质的关系

性格与气质是两个既有联系又有区别的概念。弄清性格与气质的关系，有助于开展培养和教育人的工作。

巴甫洛夫从生理基础方面探讨了性格与气质的区别和联系，并指出了性格的后天性和气质的天赋性之间的区别。他认为：气质这种心理现象是以神经过程的特性以及由此组成的高级神经活动类型为其生理基础。性格的生理基础则是先天的神经类型特点与在生活经验影响下神经系统所形成的暂时神经联系。巴甫洛夫的观点已被心理学界广泛接受。

从性质上讲，性格是由人对现实的态度和他的行为方式所表达出来的个性心理特征，具有社会意义。在不同的社会生活条件和文化背景下，人们的性格会产生明显的不同。而气质则是表现在人的心理过程和行为中的动力特点，它由人的神经系统的特性所决定。在不同的社会环境、文化背景条件下，人们的气质可能表现出相同的特点。

在个体的心理发展过程中，气质形成得早，表现在先，可塑性小，变化慢；性格形成得晚，表现在后，可塑性较大，变化较快。气质并无好坏之分，而性格却有明显的好坏之分。

就气质与性格的联系而言，目前心理学界对诸如气质与性格之间的制约作用、两者之间的渗透机制是什么等问题尚须作进一步的深入探讨。但两者之间以下几方面的相互影响和相互作用是比较肯定的。

气质特征可以间接地影响人的性格的形成。比如儿童个体的气质特征会影响家庭甚至教育场所的气氛，家长或教育者对儿童性格的形成通过其态度或教育方式发挥着重要作用。

气质能够影响性格的表现形式，以及性格形成和发展的速度和状态。以完成同样一项工作为例，同具勤劳性格而气质类型不同者，胆汁质的人表现为精力充沛，力求尽快地完成任务；多血质的人显得兴高采烈、充满热情；黏液质的人给人以从容不迫、踏实肯干的印象；而抑郁质的人则默不作声、埋头苦干。又如自制力的形成，具有胆汁质气质的人，须要经过极大的克制和努力，而对抑郁质的人，则比较容易和自然。

具有同样气质类型的人可以形成不同的性格特征，而不同气质类型的人也可以形成同样的性格特征。

2. 性格与能力的关系

性格和能力在相互制约、相互促进中得到发展。

（1）性格的形成要以一定的能力为基础，如在教育、教学工作中学生发展了智力和体力，其性格也能得到相应的发展。通常能力高度发展的专家，往往能形成诸如刻苦耐劳、一丝不苟等优良性格特征。

（2）优良的性格特征，如认真细致、勤劳好学、谦虚自信、勇于创造等，也能对能力的形成和发展产生推动作用。

（3）能力与性格的良好结合，是一个人取得事业成功的重要条件，例如能力水平相差不大的人，具有勤奋、自信心强、富创造精神者必然比懒惰、缺乏自信、墨守成规者能在事业上取得更大成功。心理学研究表明，一些"天才"科学家往往同时具有较高的能力水平和较好的性格特征。

（4）优良的性格特点往往能补偿某些方面能力的不足。通常所说的"笨鸟先飞"、"勤能补拙"等说明的就是这个道理。现实生活中，因生理缺陷造成能力发展的障碍，但因具有勤奋、坚韧不拔性格特征而最终成才者，也是不乏其例的。

三、性格的结构分析及类型研究

1．性格的结构分析

构成性格的心理特性十分复杂，凡涉及认识、情感、意志等方面的切本质的特征，能影响到一个人对客观事物的举止态度的，就都属于性格特征的范围。因此，性格特征具有多面的性质。

在西方心理学中，较著名的对性格结构进行定量分析的方法主要有阿尔波特的人格特质论。这一理论认为，人格结构中包含两种特质：共同特质和个人特质。所谓特质，是指个人的遗传与环境相互作用而形成的对刺激发生反应的一种内在倾向，不作严格区分，也可以把特质区分为表面特质和根源特质。其表面特质是指一组看来似乎聚在一起的特征或行为。但同属于一种表面特质里的特征，其间关系很复杂，因此这些特征虽有关联，但不一定。而根源特质指的是行为之间构成一种关联，会一起变动而形成单一的、独立的人格维度。每一种表面特质都来自一处或多种根源特质。卡特尔根据因素分析的结果得出有 16 个根源特质，并设计出一种人格测验叫 16 种人格因素量表（简称16PF），是国际上通用的人格量表。

2．性格的类型研究

性格的类型是指一类人身上所共有的某些性格特征的独特结合。由于性格是一种极为复杂的心理现象，要确定一种公认的、有充分根据的分类原则并非易事，因此，迄今为止，心理学界尚无统一的性格分类。下面介绍几种常见的分类学说。

（1）机能类型说。这是按照理智、情绪、意志三种心理机能在一个人的性格结构中何种占优势的原则，将人的性格划分为理智型、情绪型、意志型三种。理智型的人，处事冷静，受情绪波动影响小，习惯于以理智来支配和调节自己的行为。情绪型者，外部表露明显，情绪波动大，处事较任性，行为常被情绪影响所控制和支配。而意志型的人，行动目标明确，自制力较强，常能坚持不懈地努力实现既定目标。但具有这种性格的人中也有固执、鲁莽者。

（2）向性类型说。著名瑞士心理学家荣格以他的精神分析观点，提出这一性格分类学说。他把那种性格活泼开朗、善于交际、反应迅速、不拘小节的人归为外向型性格者；而把处事谨慎、不善交往、反应缓慢、沉静孤僻的人归为内向型性格者。这是目前最普遍的一种分类方法。

（3）独立一顺从说。这是按照个体的独立性强弱来划分性格类型的学说。该学说认为，属于独立型性格的人，善于独立发现问题、解决问题，自主能力强，不易受外界干扰和暗示所影响，能镇定、果断地处理突发事件或危急情况；属于顺从型性格的人，依赖性重，容易盲目地接受别人的意见和要求，缺少主见，外界干扰或他人暗示对其影响大，面对复杂或困难情况往往惊慌失措，束手无策。

除以上所介绍的性格分类学说外，另外还有青尔福特的特性分析说、普斯兰格的按人类文化生活的形式划分性格类型的学说、乌申斯基的双维度四类型学说等。

四、性格的形成与教育

影响人的性格形成的因素很多，既有先天因素，又有后天因素；既有客观因素，又有主观因素。但在人的性格形成和发展中起主导作用的是教育。这里的教育是广义概念上的教育，不但包括学校教育，也包括家庭教育、社会教育和自我教育。这里，我们主要讨论上述概念的教育在学生性格形成中的作用。

1. 性格形成与发展的年龄趋势

人的性格并非是与生俱来的，而是随着人生的历程而形成和发展的。弗洛伊德特别重视童年在性格形成中的意义，认为一个人的性格在七八岁时已基本定型。我国亦有"三岁看小，七岁看老"之说，尽管这种观点过分夸大了童年的作用，但人的早期经历，尤其是童年和小学、中学期，对性格的形成和发展影响是很大的，教育工作者应充分认识这一点。

刘明、王顺兴等同志对我国儿童青少年学生性格特征的年龄发展趋势作过比较系统的研究。他们用问卷法对 2127 名青少年学生（城乡比例、男女比例大致为 1：1）进行了性格的情绪特征、意志特征和理智特征的测查，并将这三种性格特征分别细分出四种主要因素进行了测定。

研究结果表明，我国儿童青少年学生的性格发展的水平随年龄的增长而逐渐升高，表现出由低到高的发展趋势。但是，发展速率是不平衡、不等速的，小学二年级至四年级发展较慢，四年级至六年级发展较快，小学六年级至初中二年级发展尤其缓慢，甚至出现相对停滞状态，初中二年级至高中一年级，又出现快速发展趋势。而且，性格特征的各方面发展趋势又是有差异的。

2. 性格形成与家庭教育

从教育的顺序上来说，先是家庭教育，然后才是学校教育。社会和时代的要求，都通过家庭在儿童的心灵上打上深深的烙印。家庭对一个人性格的形成和发展具有重要和深远的影响。

（1）父母的教养态度对儿童性格形成的影响

人们普遍认为，父母的教养态度对孩子的性格形成具有深刻的影响。父母是孩子的"第一任老师"，不但有抚养孩子的责任，更有教育孩子的责任。日本心理学家诧摩武俊就父母的教养态度对孩子性格的形成作了长期研究，并将研究结果作了概括。

（2）家庭成员的性格和家庭气氛对儿童性格形成的影响

家庭成员的性格和所形成的家庭氛围，对儿童性格的形成具有潜移默化的作用。长期生活在家庭成员关系不和、争吵、猜疑，或缺乏民主气氛家庭中的孩子，常常出现好斗、固执、说谎或孤僻、胆怯等的性格特征。民主、宁静、愉快的家庭氛围，则有助于形成孩子活泼、热情、诚实、有礼貌的性格特征。

（3）儿童的家庭角色对儿童性格形成的影响

孩子的排行（出生顺序）往往使他们在家庭中扮演不同的角色。长子所形成的性格特征中往往具有责任心、成就动机、关心他人等品格，而次子则往往会形成依赖性重、缺乏自信心、保守等性格特征。我国实行计划生育，提倡一对夫妇生一个孩子，独生子女在家庭中常常处于"中心"的角色地位。这一角色地位很容易使父母或祖父母不能正确地做好儿童的教育工作，从而对儿童的性格形成造成不良影响。我们应充分利用独生子女的优势（物质生活条件较好，父母有较多时间和精力教育儿童），采取适当的教育措施，培养独生子女的良好性格。

3. 性格形成与学校教育

学校是对学生进行有目的、有计划、有组织地教育的场所，对学生性格的塑造具有重要作用。

（1）教师对学生性格形成的影响

教师的言行举止、品德作风往往成为学生模仿的榜样。由于"向师性"的作用，学生（尤其是低年级学生）常常理想化地看待教师。教师在教育过程中所传授的价值观念、社会规范和行为方式很容易被学生接受，并进而影响到其性格的形成。但现阶段值得注意的是，借助先进科技而日益发达的信息传媒已使传统的"前喻文化"作用减弱，"同喻文化"作用增强，教师在教育过程中的影响力已相对减弱。如何更好地发挥教师在学生性格形成中的作用，是我们教育工作者值得探讨的问题。

（2）学校集体对学生性格形成的影响

学校集体包括班集体，团、队组织，学生会等。就整体而言，校风和学风对学生性格的形成有较大影响。良好的校风和学风，有助于学生形成勤奋好学、讲礼貌、守纪律等优良性格，否则，易使学生形成自由放任、怠惰、粗野等不良品质。班集体对于塑造学生良好的性格特征也有很大作用，班风正，可使学生情绪稳定、学习积极，从而促使学生形成具有集体荣誉感、义务感、团结、互助、自尊、自信等良好的性格特征。而不良的班风，则容易使学生形成冷漠、自私、消极、不负责、孤独等性格特征。集体中良好的人际关系，也有助于学生诚恳、公正、谦让、宽厚、尊重他人等性格品质的形成。

4. 性格形成与自我教育

人在实践中获得生活经验，进行自我教育、自我调节，这是性格的形成、发展或变化的重要途径。随着学生年龄的增长，自我教育的能力也逐步增强。有项研究表明：在通过现象揭露道德行为本质方面，初中生具有这种能力者为24%，高中生为49.2%；在比较客观、全面地评价事物方面，初中生具有这种能力者54.5%，高中生为87.2%；在对具体行为进行一分为二的评价方面，初中生具有这种能力者为59.8%，高中生达到72.3%。

随着青少年学生自我意识的发展，他们常常能主动地分析自己的性格特征，自觉地扬长避短，培养自己良好的性格特征。这时，他们对自己性格的形成已从被控制者转变为自我控制和自我教育者。教师应有意识地发展学生的自我评价和自我教育能力，促进他们性格的健康发展。

5. 性格形成与文化社会因素

除上述因素对人的性格特征的形成具有重大影响外，文化、社会因素也是值得重视的因素。

当前，随着我国改革开放的深入发展，社会文化正处于迅速变革时期。在我国当代社会文化的变革过程中，传统与现代、本土与外来文化交融相会，碰撞冲突，正使社会期待的模糊性增多、价值判断难度加大、社会规范型漂移变化，青少年学生产生环境不适、认知彷徨、心理失衡以及行为选择无序等问题是可想而知的。

为了培养年轻一代良好的性格特征，我们必须深入开展有关方面的研究，帮助他们培养积极的生活态度、良好的群体意识、理智感和心理调适力，使他们乐于接受新的生活经验，新的思想观念和行为方式，增强自尊心和自信心，成为具有良好性格特征的一代新人。

五、性格差异与学习情况

学生的性格特征和学习方式、学习效果之间存在着不容忽视的关系。一位具有优良性格特征的学生，可以保证其具有正确的学习动机、稳定的学习情绪、持久的学习兴趣和顽强的学习意志，提高心智活动的水平，获得学习活动的圆满成功。

而具有某些性格缺陷的学生，必然会对学习产生不利的影响，降低学习的效率或质量。

有人通过问卷调查，归纳出学生的六种学习方式都与学生的性格特征有关。

第一种是竞争型，这类学生的学习是为了表现自己比班上其他人学得更好，把课堂视为决定胜负的场所，他们注意分数和教师的奖励，希望在与其他同学的竞争中获胜。

第二种是协作型，这类学生喜欢与同伴和教师合作，把课堂看作学习社交的场所，愿意同他人交换意见，也乐于帮助别人。

第三种是回避型，这类学生对课堂学习和班里的事不感兴趣，不愿意参与课堂里的师生活动。

第四种是参与型，这类学生对课堂内容和上课感兴趣，喜欢参加班级的教学活动和课外活动。

第五种是依赖型，这类学生只想学习教师布置的内容，对知识缺少好奇，总指望权威人士指导和告诉他做这做那。

第六种是独立型，这类学生喜欢自己独立思考，自己独立完成学习任务，学习自己认为重要的内容，但也愿意听取别人的意见和想法。

第六章　教师科研意识的培养

　　教育科研是探索教育教学规律、促进教育发展、提高教育教学质量的第一推动力。可以说，在当今教育教学改革不断深入的形势下，一般的教学研究已不能适应时代发展的要求，只有运用科学的理论和方法，有意识、有目的、有计划地对教育领域中的现象和规律进行探索，才能真正解决教育教学工作中的实际问题。

　　教育有利于转变教育思想，确立新的教育理念。思想是行动的先导，有了正确的教育思想，才能产生正确的教育行为。在社会进步的同时，教师要改变以往的教育思想，与社会连接，这样才能进步。通过开展教育研究，确立现代的办学理念和教育思想，把握正确方法、措施、途径。社会要求把学生培养成为德、智、体、美全面发展，具有创新精神和实践能力的建设者和接班人。在教学的过程中，必然会遇到各种矛盾和问题，通过教学研究，促使教师自觉地钻研教育理论，运用理论去了解、分析、研究各种教育现象。

第一节　关于教育科研

　　在日常的教育教学工作中，我们经常会遇到这样或那样的问题，并利用科学的方法有计划地去解决它们。例如，针对语文或外语教学中学生的听说问题，可以进行"培养学生听说能力的研究"；针对学生解答应用题时的思维方式问题，可以进行"解题思路研究"。这种"利用科学的方法有计划地去解决问题"的过程，本身就是教育科研。

一、教育科研的解读

教育科研是指借助教育理论，以有价值的教育现象为研究对象，运用相应的科研方法，进行有目的、有计划地探索教育规律的创造性认识活动。

教育科研可分为三种类型：一是理论性研究。它是在教育实践基础上，利用科学研究方法认识和剖析各种教育现象，探索教育的本质和规律，以形成较系统的基础理论研究成果为目标的研究活动。二是应用性研究。它着重考虑如何将基础理论研究成果与教育实践联系起来，开辟应用的途径，探索搞好教育工作的规律以及如何通过实践进一步深化和丰富基础理论。三是开发研究。它旨在运用现有的研究成果，拓展知识，开辟新的应用领域。

教育科研的目的，就是要解决教育活动中的问题，探索教育发展的规律，进而为教育实践服务，为教育决策服务，为教育发展服务。

教育科研要运用科学的方法。人类社会发展到现在，已经在教育科学研究领域取得了许多科学的研究成果，总结出了许多行之有效的科研方法。搞教育科研就要按照这些方法的要求进行。其实，教育科研方法是教育科研规律的反映。按教育科研方法的要求搞科研，其实质是遵循教育科研规律，按客观规律办事。

教育科研的结果是获得新认识，形成科学的结论，即形成科学的理论或观点。其具体表现形式就是研究报告（包括实验报告、调查报告和其他研究报告）、经验总结和科研论文等。那种虽然在头脑中思索了，也有了新认识，但未写出来的研究和虽然写成了论文或经验总结，但没有新观点，未形成新认识或新理论的教育科研不是完整的教育科研，也不是成功的教育科研。

总而言之，教育科研是一种探索和认识教育教学规律的实践活动，是提高教育教学质量、促进教育发展的主要推动力。

二、教育科研的任务及特点

1. 教育科研的任务

教育科研的基本任务是以马列主义、毛泽东思想和邓小平理论为指导，研究和解决教育事业发展与改革过程中提出的重大理论问题和现实问题，认识和掌握社会主义教育发展的客观规律，更好地指导教育实践，为建设有中国特色的教育体系和教育科研体系贡献力量。具体来说，教育科研的主要任务有以下几个方面：

（1）总结教育的历史经验

我国在教育方面有悠久的历史和丰富的经验。从孔夫子到陶行知，从老解放区到当代，涌现出许多重要的教育家和教育流派，有如灿烂的群星。他们各自体现了时代的精神面貌，代表着那个阶段教育理论的发展。我们应以马克思主义为指导进行批判继承。找出中国教育发展史上内在的带有规律性的东西，并加以改革发展。历史是世代的延续和交替，我们沿着历史的序列进行纵向研究，吸收我国历史上无限丰富的宝藏，我们今天的教育科学就一定会更充实、更生动，更具有民族形式、民族风格和民族特色。

（2）研究当代教育的发展

这是整个教育科研的重点。教育科研以研究重大现实问题为主，但也应重视基础理论的研究。基础理论研究对解决现实的需要和科学的发展来说都是十分重要的。教育科研应把基础理论问题的研究和实际问题的研究紧密结合起来。而把重点放在现实生活中提出的理论问题和实际问题上，用教育的基础理论来指导教育实践。

(3) 预测教育的未来趋势

根据社会科技经济的发展趋势，预测教育的未来趋势，目的在于向教育决策人员提供有关未来社会人口、人才需求、教育体制、教育内容和教育形式等方面的资料和种种可行性方案，为教育领导机构制定短期、中期、长期的教育发展规划和政策服务。同时，它还要根据教育发展过程的新趋势、新课题、新要求，预测对未来教育的影响，从而使教育工作者及时修正教育的要求、内容和方式，培养出适应未来要求的全面发展的一代新人。

(4) 推动教育科学的学科建设

教育科学要在教育改革中发挥其应有的作用，必须加强自身的学科建设，包括学科的基本理论建设、基本文献资料建设和学术梯队的建设。在教育学科建设上，要做到统筹兼顾，突出重点。传统学科要注意逐步形成特色，发挥优势；要扶持新兴学科，加强边缘学科。对原有基础较好的学科，应在系统总结我国教育实践经验和吸收本学科及相关学科最新研究成果的基础上，大力提高理论水平，更新学科内容，补充学科中的缺陷，形成具有我国特色的学科体系，编写出具有较高水平的学术著作。

2. 教育科研的特点

教师进行的教育研究主要是学校科研。其特点主要有以下几方面：

(1) 有教育科学理论指导是进行教育科研的基础。这些内容大部分教师都有所接触。包括教育学导论、心理学、教育管理学、教育社会学、德育论、教学论、行为科学、美学、未来学。这些以先进的教育理念作支点，可以指导教育科研的方法，开拓思路，为怎样设计研究，组织实施，怎样总结研究的成果提供依据。

（2）学校的教育科研工作主要是应用性研究，对象教育就是教育实事。一是理论，二是实践，理论和实践相结合，把教育的基本理论转化为应用性科学和实际教育技能。如大家最关心的问题，课堂教学中如何操作才算是创新，怎样做才是素质教育，素质教育的核心是什么等。

（3）学校的教育科研要运用科学的方法。基本是辩证唯物主义方法论，科学方法论。即科学研究的一般方法，运用到教育科学研究中形成的研究方法。如观察法、调查、实验、经验总结、行动研究等。

（4）学校的教育科研是有目的、有计划地进行的。这也是学校教育科研科学性和教育性的体现。即不是随意性的，从提出研究目标课题、明确目的，为实现目标有步骤有计划地去进行。

（5）学校教育科研是创造性的认识活动。科学研究是一种创造性的认识活动，如探求学校教育各方面的未知，发现新规律，求得新结论，创造出更科学的新的教育方法，继承和发展前人的研究。现在学校有很多问题，人人谈论的问题（减负、素质教育、创新等），有的就可以作为重要的研究课题。教师应该不断去研究，执行学校科研课题方案和细则，同时练就一双善于发现问题的慧眼，做好身边的研究。

三、教育科研的原则

教师的教育科学研究原则是进行教育科研活动必须遵循的基本准则和要求。它是教育科研规律的反映和教育科研实践经验的概括，是有效开展教育科研的根本保证。这些原则，要贯穿于教育科学研究的整个过程，体现于每一环节之中：

1. 教育性原则

中小学教育科研的目的、内容要符合教育目的的要求，应具有教育意义，不能进行任何影响中小学生身心健康的研究。教育科研当中不能提出与国家教育要求相矛盾的要求、作业，不能用创造情境诱使学生产生不良行为的方法来获取研究资料。比如不能为研究网络对中小学生的负面影响，而创设条件让学生接触网络上的一些不良信息。

中小学教育科研的过程和结果要有利于学生身心健康和全面发展。不能为研究的需要随便增加学生负担，加大家长支出，耽误学生学习，影响学生成绩。一些调查资料如果与被调查者的切身利益有关，则应注意保密。研究的设计和实施，要注意尽可能不影响教育过程的正常进行。每次实施研究过程的时间不宜过长，要考虑学生生理和心理的承受力。

2. 客观性原则

必须全面、真实、系统地占有材料。教育科研的过程就是一个占有材料、揭示本质、发现规律的过程，没有足够的事实材料为依据，就不能有效地进行教育科研。因此，教育科研的首要环节就是尽可能全面地占有反映研究问题情况的材料，为分析研究提供可靠的和充足的依据。教育科研的实践证明，所搜集的材料越全面、越真实、越系统，就越有代表性，越能反映问题的本质。零碎的、片面的材料是不能够进行科学的推断的。

研究者要坚持客观的态度，收集资料、分析资料要客观。教育科研工作者必须尊重客观事实。搜集材料要全面、系统，绝不能凭个人的好恶，想当然地对材料进行有选择的收集。在整理分析材料时，也不能根据预先的假设，不顾客观事实，任意对材料进行删减甚至修改事实与数据。如果为了使实验假设成立而故意编造实验数据，在调查研究时对于不符合自己主观想法、不符合领导口味的资料和数据采取修改、回避的态度和做法，都是违背客观性原则的表现。对于研究成果，更要强调实事求是，无论自己的研究成果是成功的还是失败的，也不论对自己原先的假设是肯定的还是否定的，都应如实反映，绝不应以个人的利害得失而违反实事求是的原则。

3．系统性原则

系统性原则是指用整体的、系统的观点指导科研活动。中小学教育不是孤立存在的，它是社会这个大系统中的一个小的子系统，更是教育这个系统中的一个子系统，所以研究中小学教育时，要考虑教育与社会的相互联系，分析家庭环境、社会环境的影响，更要和其他层次的教育联系起来进行综合研究，要考虑到社会、其他层次的教育对中小学教育的影响。也就是说，中小学教育科学研究不仅仅是研究中小学教育。另外，在中小学教育科学研究中，思想政治教育、教学、课外教育等，彼此都是相互联系的，构成统一整体。研究其中某一部分，也应把它放在全面发展的整体教育之中去研究。

我们还应当看到中小学教育科研本身就是一种系统的研究探索活动。因而，中小学教育科研要有明确的目的，严密的计划，科学的方法，周密的组织，合理的程序和步骤，构成一个规范的科学的探索活动系统。

4．理论与实践相结合

理论与实践相结合是指中小学教育科研既要重视理论的指导，又要重视实践，将理论与实践辩证统一起来，密切联系中小学教育教学实际，使一切科学研究的结论都建立在广泛的严格的科学实验基础之上。中小学教育科研的课题主要存在于中小学教育实践中，它的研究结果也多是为教育实践服务。但忽视理论指导、理论分析也是不行的。缺乏理论指导，往往流于皮毛，流于形式，不深入，层次不高。

研究过程必须在正确的理论指导下才能取得成效，研究的结果必须经过理性分析，上升到理论上才有普遍指导意义。中小学教师进行教育科研，特别要注意学习教育理论，进行理论分析，不要把研究局限在狭小的实用范围内。反之，不重视实践，没有规范的教育实验，则容易停留在宣传、解释、注释教育方针、政策上，难以深入具体，难以形成有说服力的科研成果。

5. 创新性原则

创新性原则指的是中小学教育科研要有新意，能发现别人没有发现的问题，探索出别人没有实践过的富有创意的教育内容方法、手段、措施等，也就是说要在原有认识的基础上有所发展、创造。这主要体现在对前人没有研究或研究得较少以及对前人已有研究但从深化或相悖的方向来展开的研究上。

中小学教育科研中的创新不仅是研究成果的创新，也包含研究内容、研究设计、研究方法以及研究技术的创新。教育科研中的新发现、新思想、新观点常常来源于研究设计、方法的创新。对中小学教师来说，只要围绕自己教学、管理工作中实际存在的问题来展开研究，解决工作中的困难就是创新。

四、教师教育科研的现状

20 世纪 90 年代以来，随着新课程改革的推行，教师教育科研得到了前所未有的推进，涌现了一批卓有成效的研究型教师，出现了大量教育研究成果，促进了学校教育教学质量的提高。然而，通过一些教师的课题立项申请报告、教育教学研究评奖论文，我们不难发现，当前校教师在进行教育科研的过程中还存着不少问题和偏差。纵观学校教师教育科研现状，大致存在以下问题：

1. 从教育科研立项管理方面看，存在"多、滥、偏、差"的问题

"多"主要体现在课题立项多，低水平重复选题多，选题交叉多，硬性摊派多等方面；"滥"主要体现在滥立项、滥挂牌、滥设奖项、滥出成果、滥串课题及主持人；"偏"主要体现为分布偏，科研课题的主持人多数偏在领导，一线教师少，课题选择偏等；"差"的体现为课题质量不高，课题研究有始无终，有头无尾，缺乏过程管理等。

2. 从研究层面看，存在"大、空、少、抄"的现象

课题选题范围大、题目大，内容空，实际操作过程少，课题过程材料照抄照搬、实验方案抄袭、实验计划抄袭、实验报告抄袭等现象。

3. 从研究者的哲学思想看，存在"绝对化、片面化"的偏颇

研究得出的经验或成果存在不容商榷的问题，非此即彼，以偏概全，没有从辩证唯物主义思想出发，违反了唯物辩证法的客观规律，更没有从心理学特别是教育心理学的理论出发，对于认知规律没有进行过比较和分析，研究者在科研的过程中轻内容、轻目标、轻过程，存在很多形式主义的东西。

4. 从研究者本身看，科研能力不够

很多课题主持人不具备研究大型课题的科研能力，研究过程不注重学习，更不注意总结经验，也不及时参加各级培训活动，不能够将实践经验进行提炼，致使好的科研课题未能及时发挥指导教育教学的作用，科研成果最后束之高阁，做了很多无用功。

5. 没有把握教育科研的主要研究对象

我们教育工作者更多的是应该从一线教育教学出发，关注教育热点难点，一切为提高教育教学质量服务，所以我们科研的研究对象应该更多关注我们的学生。学生是发展变化的活生生的人，随着社会环境的变化，他们的思想观念特别是世界观也在变化，所以我们的研究方法不应是一成不变。但是目前看，很多课题却不是这样，很多课题围绕一些不着边际的内容，造成科研精力和经费的巨大浪费和损失。

6. 课题运行的监督检查机制不健全

主要表现为：科研部门的职能作用发挥不强，不能做到令行禁止，致使科研管理混乱；对学校没有评估机制，教育行政部门没有授予检查评分的权重分值；再有，就是科研部门自身没有建立健全严格的规章制度和科研管理制度，没有加强组织建设和队伍建设等。

五、教师进行教育科研的意义

传统教育观念认为，搞教育科学研究是那些受过训练的专业理论工作者的事，因为他们具有较深的理论功底和科学研究能力，容易看到事物的整体结构及其发展脉络，更容易对一些教师认为是理所当然的事情产生强烈的探究兴趣，由表及里地进行深层次的研究。然而，由于理论工作者缺少丰富的学校教育生活经验，所以很难体会到具体教育实践活动中复杂的人际互动和深层的意义。而教师进行科研工作相对来说则具有相对优越的条件。

1. 教育活动离不开科学研究

教育是培养人的活动。教育活动具有科学性和艺术性。教育活动必须遵循一定的规律进行。教育不按照一定的规律进行就不能取得很好的教育效果，就不能很好地促进学生的发展。如果教育活动违背了教育规律，就会对学生的身心发展带来负面的影响，不但不能促进学生的发展，反而会阻碍、损害学生的身心发展，对学生的成长造成不良的后果。因此，进行教育活动要遵循教育规律。教育工作者要掌握教育规律，遵循教育规律开展教育教学活动。研究、探讨、发现、掌握教育规律是搞好教育活动的前提条件。

教育规律蕴藏在教育教学活动实践中，要研究、发现、掌握教育规律，就必须开展科研活动。教育工作者在一定的理论指导下，对教育中的现象和问题进行研究，透过表面的、现象的、零散的、个体的问题，从中找到本质的、规律性的东西，这就是探索、发现、寻找教育规律的过程。把这些探索运用于实践，在实践中检验，被实践证明的就是规律，就能指导以后的教学活动。

2. 教育改革与发展更需要科研

教育实践活动离不开研究和探索活动，教育的改革与完善更需要科研。当今社会，经济全球化、竞争激烈化，科技进步的步伐加快。社会的发展对人才的培养提出了新的要求。经济全球化、竞争激烈化要求我们培养的人才具有国际意识、合作意识、终身学习的意识、交往能力，这是社会发展对人才培养目标的变化的要求。与之相适应的就是教育的内容、方法、途径、手段的变化的要求。培养目标变了，内容、方法、手段、途径也必须相应地跟着变化。所以说今天的教育面临着严峻的挑战。用什么方法、通过什么途径、采用什么手段，培养适应现实社会发展要求的人才是教育的当务之急。

当前的教育面临的问题很多，要解决的问题很多。素质教育的推进、具有创新精神和实践能力的人才的培养、基础教育新课程的实施，都需要我们研究、探索、实践。

3. 教育科研对全面提高中小学教育教学质量有重要作用

中小学教师把自身在教育教学活动中遇到的问题作为研究课题，在研究、探索中学习教育理论，并运用理论分析、解释、解决各种教育教学现象和问题，在探讨中发现好的教育教学方法，改进不科学的教育教学行为，逐步探索、揭示、掌握教育规律，总结教育教学经验，使之升华为理性认识。在这个过程中使理论水平得到提高，实际的教育教学能力得到增强，从而为促进学生发展，提高教育教学质量奠定坚实的基础。

4. 教育科研是提高中小学教师素质的好途径

中小学教师的工作从一定意义上来说是具有创造性的工作。教学是一门艺术，同一本教材、同样的教学内容、同一个班级的学生，不同的教师教学效果会截然不同，这其中的道理就是教师的创造。从这一点来说，教师的素质对教育教学活动来说十分重要。

教育科研是促进中小学教师自身发展的有效途径。教师在科研中反思自己的教育教学行为，与先进的理论与实践碰撞，在实践中提升自己的能力和水平。这样教师在教育教学活动中学习、研究、总结、实践，就会提高自身的综合素质。实践证明教育科研是提高广大教师素质的好载体。

中小学教育质量的提高应立足于教育科研。中小学校只有走教育科研之路，才会有生机勃勃的发展。世界各国的实践证明：教育改革的关键是教师的创造性，而教师的创造性则源于教师参与教育科研。中小学教师参与教育科研是世界教育发展的共同选择和趋势。

第二节　教师科研与教师的成长

教师的成长已成为新时期教师培养的"焦点"和"新增长点"。要实现教师的成长，教育科研势在必行。教育科研是促进教师成长的最佳策略和必由途径。教师的成长，是把教师置于学习共同体中，把教师当作需要成长、正在成长的动态对象加以关注，以可持续性发展的眼光全面地看待教师的工作。

教师的成长，既指教师教育专业知识和专业技能的提高，更多的是指显性之下的隐性发展。如教师人格的完善，教师个性的张扬，教学风格的树立，教育境界的提升。

教师进行教育科研可以增加教师自身责任感，通过学习研究来发现和改正教育教学中存在的问题，有利于教师自身素质的提升和教学质量的提高。可以说教育科研就像为教师的专业化成长增添了有力的双翼，给教师带来自信和勇气，带来力量和智慧，使教师在科研过程中得到自我完善。

一、科研对教师的影响

实践表明教师参与教育科研是提高自身综合素质的最佳途径。从事教育研究能进一步提高对工作的责任感，把握教育发展的客观规律和新的趋势，不断改进教育教学实践；同时科研也将不断增进教师的自我成就感，满足教师个人发展的需要，实现人生价值。有教育专家指出，教师参加科研工作以后有四个不一样：

1. 思想境界不一样

教育科研，教师首先要从思想上澄清对开展教育科研存在的模糊和错误的认识，提高对教育科研必要性和可能性的认识，树立并坚定搞好教育科研的信心与决心。长期以来，在中学教师中，对开展教育科研很多人存在着一些错误观点。如中学教师只需要教学，无需科研；中学教师搞科研，再搞也搞不出什么名堂，科研只是高等院校和教育专家的事情，中学教师只要上好课，管好学生，提高升学率就行了；中学教师教学任务繁重，搞科研影响教学质量，经验即科研。

在教育中凭经验办事，凭经验管理，凭感觉教学；重视经验，轻视理论，强调仿效移植，忽视科学规律的探索，诸如此类的想法和做法，严重地禁锢着广大中学教师的思想，影响着教师队伍的进取，教师素质和教学质量提高。为此我们应该澄清思想，加强学习，提高认识。当前，教师应当努力成为教育目的的实现者、教学活动的指导者、教学方法的探索者、教学活动的创造者。丰富的教育实践为中学教师开展教育科研活动提供了广阔的天地。

2. 理论素养不一样

从教育研究的角度看，有利于中学教师开展教育科研活动。教育研究一般可划分为四种类型，即基础研究、应用研究、开放研究、行动研究。

作为教育实践活动主要承担者和实施者的广大中学教师，开展教育研究活动有着科研工作者所无法代替的优势。其优势在应用研究、开放研究和行动研究方面。事实上，学校教育本身是教育科学的"实验室"，教师整日操劳其间，一方面进行常规的教育教学活动，一方面进行教育科学研究活动，并力求把二者有机地结合起来，就其优势是科研工作者无法比拟的。教师长期从事教育教学工作，富有实践经验，为其搞科研掌握第一手材料，理论联系实际，创造条件，所以说中学教师开展科研活动天地广阔。

3. 价值意识不一样

开展教育科研有助于提高教师素质和职业价值。现代社会向传统教育提出挑战，也向教师职业提出了挑战，传统的教师工作是单调重复，创造性低的传授知识的活动。教育改革的趋势，要求教育要为未来社会培养创造性人才。这就对教师职业的素质要求发生了根本性变化。即由传统的单纯学科专业知识的要求，发展为学科专业知识和教育学科专修知识、心理健康辅导、学习方法指导等多方面的要求。要求教师具备新的知识结构和进行创造性教育活动的能力。教师基础知识和专业知识包括学科知识和教育学、心理学知识。教师教育能力也应包括教育能力、科研能力和管理能力三方面：一个教师只有具备这些知识和能力，才能够适应现代教育的要求，创造出理想的教育效果。

4. 教育能力不一样

（1）开展教育科研有助于教育教学质量的提高

学校通过教育科研为办学注入新的活力，调动教师的工作热情，培养教师的主人翁精神。而教师对教育教学问题的探究，投身于教改事业，必需博采众长、博览群书，利用优秀科研成果去优化教学工作，拓宽思维空间，增强自身的科研意识，提高分析解决教育工作中实际问题的能力及自身的学术水平和理论研究水平。这显然有利于教育教学质量的提高、学校声誉的提高，有利于学校特色的形成。

（2）开展教育科研有助于调动教师的积极性

教师从事教育科研，展示个人才华，挖掘自身潜能，拓展自身的创造性有益于个性发展。潜心于教育科研，从中可领略到创造的意境，各具特色的学生个体可能因教育实验的操作变得更鲜明，素质更为全面，这无疑有益于教师独特教育风格的形成。通过科研成果的展示，教师又可获得成功的喜说和创造的乐趣。极大地调动教师的积极性。教师发表论文，它不仅体现学术价值，如成果被他人引用借鉴或付诸实践，而且能体现出社会价值。

二、科研与教学的关系

传说释迦牟尼曾经问弟子，一滴水怎样才能不会干涸？众莫能答。释迦牟尼说，一滴水只有放进大海才不会干涸。同样道理，科研是一滴水，教学是大海。教学是一枝花，全靠科研使它更艳丽持久。

科研与教学，是学校工作最主要的两个方面。两者紧密相连，既有对立的一面也有统一的一面，是一种相互促进的关系。

1. 科研与教学两者之间是存在对立冲突的

（1）从二者所要达到的目的看，教学与科研的直接目的是不同的。科研的目的是创造知识，而教学的主要目的是向学生传授知识。

（2）从所要求的个人素质方面看，科研与教学对教师素质的要求也是有区别的。科研注重的素质主要是在创造性思维和智力方面，对于教师的口才和与学生的沟通互动能力的提高相对较差。而教学则不同，教学需要教师具备最基本的职业素养外，还有道德人格等方面的要求。

（3）科研与教学工作在一定程度上存在时间冲突。科研工作的周期通常比较长，而教学工作的时间则相对固定和集中，教师进行工作的时候可能会出现精力分散，时间分配不合理的现象。如果一个人教学多了，必然会减少科研方面的精力和时间，从而也就影响到科研的深化和提高；如果科研的时间和精力多了则教学工作也会被影响。

2.　科研和教学两者又存在统一的关系

（1）从最终目的看是统一的。无论是科研还是教学都是推动社会进步的重要力量，在这方面，二者并没有根本冲突。

（2）从长远和整体影响看，科研和教学也是内在统一的，并且二者是互相帮助、互相提高的关系。科研可以促进教学的发展，一是科研创新教学的内容，教学内容的更新和深化其基础是科研，而非其他；二是科研深化教学的手段和方法，教学手段和方法的创新和深化的基础也是科研。教学在一定程度上也会反作用于科研，一是教学水平的提高可以为未来的科研提供一个好的人才队伍基础；二是在教学过程中，也有利于科研的进一步深化，因为教学过程，也是一个师生互动和教学相长的过程，同时也是一个知识学习过程。

（3）对同一个人而言，教学是果，科研是根，教学与科研从根本上也是统一的。一个人要想把教学搞好，就得不断研究教学内容和教学手段，否则，教学就是苍白和无力的，而且有可能是误人子弟。所以，要想有丰硕的教学成果是离不开科研的。

3.　正确处理教学与科研的关系

教学和科研既有对立的一面，也有统一的一面。所以，我们要正确处理两者之间的关系。

（1）在具体工作中，应当根据工作的性质和对象不同而有所偏重。对于小学生和中学生的老师而言，应当是教学重于科研。因为对于中小学生而言，重要的是知识的传输，而非创造，这时对老师的要求和评价主要就是要看其教学效果如何；但对大学和一些成人学校的老师而言，应当是科研与教学同等重要。大学生和成人对老师的要求主要是学术水平方面的，相对而言，对老师表述方面的要求相对会弱一些。而学术水平的直接体现就是科研水平。

（2）还应该根据教学工作与科研工作的自身特性，合理分配精力，提高工作效率，这样就可以减轻自身工作压力，做到教学科研两不误。例如，在没有教学任务时，集中精力进行科研攻关，提出研究思路、技术方案与实施路线，做出科学的研究进度安排，在承担教学任务期间，科研可能处在外协加工或实施阶段（此阶段工作量可能较大，但关键技术问题已经解决），对教师的精力分散不多，这时就可以比较集中精力从事教学工作。

三、科研意识培养与素质提高

教师的科研意识之所以在教育活动中显得特别重要，是因为教育乃是一种有目的有计划的培养人才的社会活动。从事这一活动的行为主体就绝不能被动，不能消极，不能盲目，不能随意。中小学教育的育人功能是基础性的，小学生和中学生正处于人的生理和心理剧烈变化的时期，也是最易受到诸方面因素影响的时期。这既是他们身体发育、知识增长、心智发展的关键期，又是他们理想萌发、人生探索的困难期。基于这一特性，中小学教师就更应该具有一份自觉，具有一份清醒，具有一种事业的追求。这些特质就是教育科研意识，也是教师素质的本质特征。

1. 教育科研意识三要素

教育科研意识也并不是虚玄空泛的，它是由三个要素来涵盖的。那就是教育的信念与热情，教育的知识与经验，教育的眼光与智慧。

教育科研意识首先体现为教师对教育事业的一种执着精神。教师只有以献身教育的热情和信念作为支撑物才有可能具备这样的自觉和追求。教授知识、开发心智、启迪心灵是一项最富于创造性的极其复杂的实践活动，也是一项极其艰辛和极需牺牲精神的平凡工作，热情、执着、富有信念便成为从事这一事业所需要的最可贵的品质。教师具有了这些品质，才可能自觉地、有意识地去追求和探索教育活动的底蕴，才可能会有创造性的工作表现。

当然，教育科研意识仅凭热情是不够的，它的产生还需一定的教学实践经验和一定的教育理论基础为先决条件。假如没有一定的教学实践经验的积累，没有一定的教育理论素养，教师就不可能对教育活动会有有意识的自觉的反应，更不可能对教育科研会有卓有成效的追求和探索。

这也因此引出了教育科研意识的第三个要素，即教育科研的眼光和智慧。如果一个教师惯于因循守旧，思想僵化，眼光迟钝，他就不可能产生探索的需要。如果一个教师不富于想象，不具备有创见的灵活的发散思维，不善于寻找有助于提高创造性的场景，不善于发现尚未解决的问题，那他也不可能产生探索的需要。只有思路开阔，眼光敏锐，敢于向假设挑战，具有综合能力和应用系统分析技术能力的教师，才可能具备清醒的教育科研意识。

2. 提高教师素质应培养教师的教育科研意识

教育改革的深入发展，对教师素质的要求仅仅是提高学历已远远不够了。教育理论的更新，教育思潮的涌现，教育改革的深入，都要求教师在更高的层面提高素质，以便更深刻、更全面地认识当今教育的发展，适应教育发展的需要。

素质教育是在批判应试教育的基础上产生的，它意在充分发挥教育的发展功能，强调对学生素质的整体发展，从根本上变革传统教育的价值观，重构一个独特的教育内容体系，以达到学生自身素质结构的完善和提高的教育目标。这一思潮在理论上还有待于进一步规范和完善，在内容结构上还有待于进一步探索。这项改革能否落到实处，关键取决于全体教师的认同程度和实验效果。这也就要求中小学教师对教育活动应多一份清醒，多一份自觉，多一份探索与追求。如果教师缺乏教育科研意识，是难以适应这一改革形势的。

四、教师在科研中成长

教师参与研究可以帮助教师从日常繁杂的教学中脱身出来，在研究中获得理性的升华和情感上的愉悦，提升自己的精神境界和思维品位。正如苏霍姆林斯基所言："如果你想让教师的劳动能够给教师带来乐趣，使天天上课不至于变成一种单调乏味的义务，那你就应当引导每一位教师走上从事研究这条幸福的道路上来"。教师从事研究的最终目的不仅仅只是改进教育实践，还可以在这个过程中重新认识自我，获得一种新的工作学习方式。在这种方式中，教师能够体会到自己存在的价值与意义，真正实现教师专业的自主发展。那么教师在科研过程是如何成长的呢？

1. 获取新知识

教师作为教育实践中的行动研究者，研究首先是发现行动和行动结果之间的关系和联系，比如教的行动和教的效果，学的行动和学的效果。研究的结果，是获得对其中关系和联系的认识，得到关于自己，关于学生，关于教，关于学，关于教材等方方面面的新知识。这是一个修正和更新、完善和丰富研究者原有认识的过程。在这个过程中，教师作为研究者其原有的知识背景、知识内容和知识结构都将随之而改变，并得以重新建构。

2. 获取实践效果

对教育各种事实和现象之间的联系和关系的深刻洞悉和把握，有利于认识、理解和预测教育实施和现象的发展方向和趋势，从而对其进行更有效的促进和控制。这样，有了前面获得的新知识作为基础，教师作为研究者就有了进行新的实践的可能。在研究过程中教师做事的手段和方式会有新的突破，并由此产生或者获得新的实践结果，这相当于获取一种新的事物。

3. 重新认识自我

突破和超越是人的"自由自觉的本质力量"的一种实现和体现。这种人的"自由自觉的本质力量"的对象化活动是一种美的创造和展示。《学记》中有句话："学然后知不足，教然后知困。知不足，然后能自反也；知困，然后能自强也。故曰，教学相长。"那么，这对于教师科研来说，教学研究也是这样一对关系。

这是一个重新认识自我的过程。新知识的获得和新的教学实践的实施都意味着一个新的教师的诞生。教师进行教育科研过程中最重要的一个任务便是重新认识自我，是一个自我审视的过程。而当下教育科研的很多问题归根结底是研究者对自身研究不够，并不能改变自我的认识。事实上，人类只有面对人自身才能达到对人的理解，只有这样，我们才能对人类也就是我们自身负责。正如某位哲学家所说的那样："研究他自己的意义和实在，研究自己来自何方，走向何方。然而，当他在争取一种新的自我理解时，他也在争取他将来的形式。"

教师科研是为了不断更新自己，超越自己，把成果付诸实践，推动教育事业的发展。整个科研的过程是一种升华，是活在"理想"的世界中，向着"可能性"进军的过程，是一种成长的过程。

第三节　教师科研目标的确立

教师进行教育科研的根本目的就是为了通过教育科研提高自身的业务素质，进而提高和改进教育教学的质量，这可以说是教师科研的长期目标。有了目标就有了科研的方向。教师在进行教育科研之初，要先确定自己科研方向的总目标，这就明确了科研的基本方向和宗旨。当然这个总目标可以是学校或者科研课题小组确定的目标，也可以是教师个体确立的目标。在此基础上，将总目标层层分解，使之进一步具体化、量化，落实到科研的整个过程当中，形成一个个短期目标和具体目标。

教师在确立科研目标时，不能急功近利，好高骛远，要立足于自身科研现状和教学实践，综合自身特点专长、兴趣爱好、主攻方向等来确立科研目标。并通过个目标来实现自身价值，促进教师自身专业成长。

一、树立科研目标意识

目标是行动的指导。教师开展有效的科研活动，必须具备目标意识。美国戴维·坎贝尔说过："目标之所以有用，是因为它能帮助我们从现在走向未来"。可见，教师只有树立教育科研的目标，才会激励自己去努力奋斗，并积极创造条件，实现目标。

事实上，教师的科研目标是一内涵十分丰富的概念，但我们这里所倡导的"科研目标"是指教师对科研活动成果的一种展望，是指教师自身开展科研活动的一种观测、评价与构建，强调教师的自我履行与行动导向以及研究内容的具体落实和成果达成度。因此，这里所指的科研目标具有针对性、绩效性、个人性和发展性等特点。

教师在树立目标意识的过程便是一个个目标的建立的过程。那么教师应如何来树立这些目标呢？

制定个人发展目标：包括个人基本情况分析、现状分析、发展目标、具体措施等。以学生个人的发展，作为自己教学的最终目标和科研目的。教师自行制定发展目标和行动计划，可以使教师冷静地认识自己，同时有助于教师在选择适合自己的科研课题和研究方向。

跟随学校目标：在学校中，各类科研小组一般都会有一年之内的目标。制定目标是培育集体智慧的过程，实现目标的过程是展示集体智慧的过程，更是各位教研组成员成长的过程。制定教研组的发展规划，通常要经过以下几个环节：教研组长起草——备课组长修改、提建议——发动全组教师积极参与修订——召开全组教师会议——形成完整的发展目标。这样做，使每一位成员都具有清晰的工作思路，掌握有计划行事的工作能力，有利于科研工作的展开。

树立自我科研目标：科研小组制定的科研目标往往是一个课题的长期研究目标或最终目标。科研工作分配到每个人身上，由于研究内容不同，其短期的目标实现也就有所不同。这就需要教师根据研究的具体情况来制定短期目标、中期目标和长期目标。若教师单独进行某一个课题研究更需要树立这样的科研目标。

教师科研活动是一个个目标实现的过程。在科研过程中需要不断地投入人的精力（如时间）、财力（如经费）和物力（如购书）等，而且其成果的产生一般经历"准备（问题信息的收集）、酝酿

（观点的提炼与创新）和豁然开朗（资料的整理与报告的撰写）"等过程。因此，教育科研是一个不断学习与研究并克服诸多困难的过程。如果教师没有对科研活动的正确认识与较高的评价，其目标的实现便会产生阻碍，导致研究中断。因此，教师在进行教育科研时还要对教育科研活动有正确的认识，提高自身的期望值。

一个清晰而具体的科研目标，往往会使教师产生使命感，引起对有关任务的关注，远离与目标无关的活动，提高自我行为的控制水平，从而激发自身开展研究行为；同时，目标也能引导教师面对困难和阻碍积极寻找达到目标的有效策略和解决方案，当目标实现时，会产生成就感，并对将来的科研动机产生积极的情感。"相当容易的目标不足以引起很大的兴趣和努力；适当困难程度的目标可以维持高度的努力和通过该目标成就产生满足感。"因此，要增强教师参与科研活动的自觉性与积极性，就要关注教师确立科研目标。

二、科研方向及选题的定位

李大钊曾经说过这样一句话："青年呵！你们临开始活动之前，应该定定方向。譬如航海远行的人，必先定一个目的地，中途的指针，只是指着这个方向走，才能有达到目的地的一天。若是方向不定，随风飘转，恐永无达到的日子。"方向在人的一生中起到很大的作用，选对了方向便会收到事半功倍的效果，方向错了，即使坚持下去，换来的依然会是个错误的结果。所以，无论做什么，我们都要先给自己定好方向。教师进行教育科学研究也同样需要一个明确的方向来指导。

很多老师只有到了即将评职称的时候才匆匆忙忙炮制出一篇论文充数。为什么出现这种情况，除了对教科研的认识偏差和环境条件等因素外，还有很重要的一方面，就是很多老师说：不知道该研究什么，怎样选题，找不到方向。

1. 科研中的方向在哪里

问题即是方向。找到了问题，自然就明确了研究的方向。事实上很多老师不是在自己的教育教学实践中选题，而是习惯了从上级领导所给的诸多选题方向或者指南中选题，选来选去离自己的教学实际太远，难以研究。实际上这是在研究别人给出的问题，不是自己的问题。同时，很少能够发现自己教育教学中到底存在着什么问题，很多稍纵即逝的问题没有抓住，缺乏一个明确的目标意识。

教师在进行教育科研一开始，就要根据自身的教学实践情况来确定科研方向和科研选题。比如：语文老师感到学生作文速度太慢就研究怎样提高作文速度，如何进行快速作文；物理教师感到实验教学中的实验材料缺乏就可以研究怎样因地制宜利用代用品进行实验……甚至具体到某一个细节的问题都可以研究。

2. 教师在科研方向和课题选择时应坚持以下基本原则

需要性原则：也叫价值性原则，这是选择研究课题的一条首要的、基本的原则。这里所说的"需要性"，是指选择的研究问题要面向教育实践的需要，面向教育科学自身发展的需要。也就是说，要考虑研究的问题是否具有实践的理论的意义。教育中不是所有的问题都值得研究的。有些问题就其性质而论是哲学上的，可以讨论但不可能研究。

科学性原则：科学性原则所强调的是，选题要以唯物主义基本原理为指南，以科学实践反复证实的客观规律为基础。如果选题违背了这一原则，研究就会陷入非科学或伪科学的歧途，使研究一无所获。

创新性原则：创新是科学研究的灵魂，它体现了科学研究的价值之所在。一项研究应该达到或在理论上有所发展，有所突破，或在应用上有所改进，有所创新。这就要求我们在选题时不要往人堆里钻，不要像现在这样，会写的、不会写的，都一窝蜂地去写"素质教育"。"道前人所未道""作前人所未作"的问题当然具有创造性，但纯粹的"空白点"其实并不是很多，只要认真去做，老问题同样可以做出创造性的成果。创新的"新"不外乎三个方面：新观点，新方法，新材料。

可行性原则：就是要根据实际具备的和经过努力可以具备的条件去选择研究课题，对完成研究所需要的主观客观条件尽可能充分地估计到。客观条件如必要的资料、设备、时间、经费、理论准备和科学上的可能性。有的选题看起来很好，但由于不符合实际，也就没有实现的可能。主观条件如研究者本人原有知识、能力、基础、经验、工作性质和环境、所掌握的材料以及对此课题的兴趣。要权衡自己的条件寻找结合点，选择能够发挥自己优势特长的课题。擅长实践操作，不一定非要选理论研究课题；反之，擅长理论思维，就不一定非要选择实验研究课题。具有多向性、逆向性、求异性思维的研究者，做探索性的课题较为合适；而习惯于从事实出发思考问题的人，易在应用性课题上取得成就。

三、明确研究对象

研究首先要明确研究对象。任何研究领域都有自己特殊的对象，教师教育的对象是学生，教育的内容是教材，教育的目标是教会学生学会学习、学会做人。因此，教育研究的对象是教育存在和人的学习，教育存在包括教育现象、教育过程和教育理论。人的学习，一般来说主要是指学生、学校、教师等。

教师都要进行教育科学研究，这是我们近乎几年形成的共识，并有一些政策和措施予以保证。一说到教育研究，长期以来，人们总是认为，就是对教育现象的研究而进行教育现象研究，又总是认为要通过课题研究撰写"上升到理论"的论文（研究报告等）。因而自然地得到这样的结论：每一个教师都要进行教育科研，就是每一个教师都要进行教育现象研究，都要撰写"上升到理论"的论文。

苏霍姆林斯基说："教育，就其广义是理解来说，就是一个受教育者和教育者都在精神上不断地丰富和更新的多方面的过程。同时，这个过程的特点是，各种现象具有深刻的个体性：某一条教育真理，在第一种情况下是正确的，在第二种情况下是无用的，在第三种情况下就是荒谬的了。"

教师教育科研不仅要研究教育现象，还要研究教育存在，根据对教育存在的认识，来研究"人的学习"。对于大部分中小学教师来说，最主要的或最基本的，应该是教育具体对象研究，比如，学生、教材、课堂教学等，是理论"以人为本"的研究活动，是理论应用于教育对象的研究，而不是"进行那种通过大量事实而做出科学概括的研究工作"——教育现象研究。而对于一些教育科研工作者来说，则需要对教育存在中具体教育现象在进行深入的研究。因此，教师进行教育科研最重要的是要明确自己的研究范围，以此来确定自己的研究对象。

在教育对象中，我们所要研究的每一个群体有时叫做研究总体，在进行一个课题的研究时，我们首先要进行研究样本的选取（抽取），但是，教师进行教育科研时要根据自己确立的科研目标来明确具体的研究对象，选取样本。

选取一个样本一般它应该满足一定的条件：所选取的样本应该是具有代表性，如果没有一定的代表性，那么所研究出来的结论就没有普遍性的意义，成果也就没有推广价值；所选取的样本必须满足统计学的条件和要求，也就是所选取的样本容量要达到一定的数目要求；在可能的情况下，研究对象应该尽可能地随机抽取，这样可以增加研究成果的普遍性和科学性。

那么，教师在科研过程中，学生、学校、教师等等都可以成为科研对象。研究对象的确定也就决定了研究任务以及此后研究过程中科研方法的运用。可以说，明确研究对象是整个教师教育科研的基础。所以，教师在科研工作最初，除了要明确科研目标的同时还要明确具体的研究对象。

四、教育研究对象案例

刘某，刚入初二（三）班。转进来的第一天就有人频频向老师打报告说，刘某打人。

老师问学生原因，好像没有什么大事，就是玩玩就打了，于是老师就找刘某教育了一番，可是接下来天天都是这样，老师觉得很奇怪。

于是老师找来了刘某的父母，了解一些情况，刘某的父母说："老师，孩子不乖，你打好了，他就是这样，我们没有办法，只能打。"

刘某爱打人跟家庭教育有着很大的关系，老师心想孩子喜好打人的毛病要改掉，必须要连同他的父母的这种错误的想法一起改掉，其实这个孩子一点也不笨，脑子还挺聪明的，就是喜欢打人，于是老师就暗下决心，一定要帮助刘某改掉打人的毛病。

【案例分析】

从上述案例介绍可以看出，这位同学有喜好打人的坏习惯，只要他有空，他就会找任何理由，任何方法，随时随地打人，老师想：或许他有一点攻击性的行为。所谓攻击性行为就是指因为欲望得不到满足，采取有害于他人、毁坏物品的行为。儿童攻击性行为常表现为：

1. 好胜心强，喜欢与人争执。这类孩子见不得别人比自己强，事事好与人争第一，一旦同学在某个方面超过自己他就会表现出反常行为，与人争执、打斗，发泄内心的不满。

2. 爱惹事，自控力差。这类孩子平时管不住自己的手脚，言行举止不分时间、场合，课堂上坐不住，爱惹是生非，影响其他同学，课间常因自控力差而与同学发生摩擦，导致出现攻击性行为。

3. 情绪不稳定，好冲动，时常乱发脾气。这类孩子往往在家中娇生惯养，家长拿他没办法，稍有不顺，便耍性子，自我中心意识强，容不得别人的批评。

综上所述，可以判断他还不具有攻击性行为，而是一般的打闹行为，是可以逐步改变的，也是能够改好的。

【教育方式】

针对此生的行为特点，需要老师和家长对他进行共同矫治，方法如下：

作为老师，不能讨厌、歧视这个学生，要多关心，多理解，使其感到温暖而有触动，有悔意，为教育引导打下基础。

通过调查，刘某的行为形成的原因之一应该是家庭不良的教育因素影响。针对他的情况，首先改变其家庭教育环境，教师要同其父母进行诚恳的谈心。通过谈话使他们明白，孩子的成长离不开良好的家庭教育。要求他的父母多抽一些时间来关心他的学习和生活。当孩子有错时，应耐心开导，而不应辱骂、踢打的教育方式。

利用集体的力量影响他，使其养成良好的行为习惯。他打人，被扣分了，教师要告诉他，他的行为影响了全班的荣誉，也让他明白，要与同学团结友好的相处，同时也让全班同学都关心他，安排最好的学生与他同坐，一有进步就表扬，使他对自己有自信心，使他在大家的善意帮助下，在众多的榜样示范下，逐步向好的方面发展。

发挥孩子的长处，改善打人的毛病。经过多次观察，老师发现孩子写作业的速度很快，而且还比较喜欢帮助周边的同学，于是，老师就经常鼓励他，让他写好作业后去帮助班级中需要帮助的同学，这样孩子有了事干，就慢慢地忘记了打人，班中的同学看见了他的优点，也渐渐忘记了他打人的缺点，慢慢地开始与他交朋友。

【案例反思】

外国一位哲学家曾有一个木桶理论，用长短不一的木板箍成一个木桶，当你倒进水后，水会从最短的木板处流出来。中国也有一句话"人生十指有长短，一母同胞有愚贤"。一个班级中总有这样那样的学生，只有我们认真对待每一个学生，认真关心每一个孩子，相信任何问题都是有解决的方法的，上述案例中的学生，经过老师的努力，以及他父母的帮助，终于从一个问题孩子变成了老师的小帮手，学生的学习榜样，虽然他偶尔还要"手痒"，但是他的不断进步让人欣慰。

第四节　教育科研要有问题意识

教育科研过程就是一个发现问题、提出问题、分析问题和解决问题的过程。因此，对于一名教师来说，是否具备"问题能力"和"问题意识"，就成为教育科研工作的核心、重点和关键。长期以来，我们一直强调在教学过程中注重学生的问题意识，而很少涉及教师的问题意识。

教师的问题意识主要是指教师能够意识到问题的存在、具有解决问题的意识、具有解决问题的信心等。问题意识有助于教师养成反思的习惯，提高教师的教育教学水平，提高教师的教育研究水平，从而不断促进教师的专业成长。教师在职前职后缺乏问题意识的教育培训、传统校园的缺乏问题意识的环境、"师道尊严"的心理等，是造成教师问题意识缺乏的原因。教师职前职后教育中要加强问题意识的培养；学校要构建和谐的校园环境，创造良好的问题意识氛围；教师自身需要不断努力，通过撰写教育教学日记、经常性反思、加强理论学习等途径增强自己的问题意识。

一、在教学实践活动中发现问题

所谓"问题意识"，是指人们在认识活动中，经常意识到一些难以解决或疑惑的实际问题及理论问题，并产生一种怀疑、困惑、探索的心理状态。问题意识不仅体现了个体思维品质的活跃性和深刻性，也反映了思维的独立性和创造性。强烈的问题意识，作为思维的动力，促使人们去发现问题，解决问题，直至进行新的发现与创新。所以，问题是科学研究的出发点，是开启任何一门科学的钥匙。没有问题就不会有解释问题和解决问题的思想方法。

新课程改革的到来，把问题作为课堂的中心显得越来越重要，平时我们谈的更多的是培养学生的问题意识和问题能力，而忽视了对教师自身问题意识和问题能力的形成的研究。而教师问题意识和问题能力恰恰是学生问题意识和问题能力培养的必要条件。那么，作为教师在教学实践活动中要从哪些方面去培养自身的问题意识呢？

1. 从备课过程中发现问题

备课是教师的一项基本功，是每天都要做的一门功课。备课的过程，实际上是先进理念的进一步内化和外显的重要过程。在此过程中，教师通过对《课程标准》的研究，通过对教材重点难点的理解与分析，通过对相关课程资源的挖掘与整合，通过对学生认知等前提条件的观察与体悟，总会发现一些问题、困惑存在，假如有意识地对此加以归纳、梳理、提炼，就能形成有价值的基于解决"真"问题的"课题"。而这些源于实践的课题的研究和解决，恰好能真正起到课题研究的作用，实现其价值。

2. 在教学实施的过程中，发现问题

课堂永远是教师的主阵地，是问题发生的地方。课堂上学生的学习状态、投入程度、合作的深度与效果、课堂的预设与生成、训练与反馈等等，每一个学习细节，每一个教学环节，都可能有问题存在。例如小组讨论时任务是否合理，要求是否明确，问题设置是否妥当，小组成员分工是否恰当，讨论是否深入，有无"沉默者"；课堂的训练目标是否科学，训练题目的设计是否关注了难度、梯度和有效度，反馈是否及时，反馈的方式是否合理，评价是否到位妥帖等等，每一个具体问题的发现，就是教师对课堂观察和思考的结果的展示，每一个问题解决的过程，就是对先进教学和课程理念内化与外显的过程，就能促发我们对课堂教学诸多问题进行深度思考。

3. 从同事身上发现自身问题

同事就像一面镜子，是衡量自身的一个标尺。从同事身上，可以发现我们自身所存在的问题和差距，明确前进的方向。在日常工作中，应该坚持"听别人的课，想自己的课"，"听他人的课，改自己的课"。可以借助课堂观察，与优质课、名师的课、同事的课作对比，反思自己在上这节课时是怎么处理的，存在哪些不同，哪些地方处理得不如他好，为什么，怎么改进更好等等。站在局外人的角

度，审视自己、反省自己、发现自己、完善和改进自己，在比较中
提高自己。

4. 在教学反思中发现问题

教学反思即自觉地把自己的课堂教学实践，作为认识对象而进
行全面而深入地冷静思考和总结的过程。无论是对教师的"教"与
"育"，还是对学生的"学"与"习"，很多问题的发现和归纳就来
源于我们的观察和反思。可以说没有反思，就不会发现、研究和解
决问题；没有反思，就不会有经验的总结和提升；没有反思，就不
会发现理念与实践的差距；没有反思，就不会有新理念的融入和行
为的跟进。因此，我们不仅要深化对"教"的反思，发现和解决
"教"的问题，更要关注"学"的反思，要研究学的行为，学的习
惯，学的品质，学的方法，学的环节，学的有效性等方面存在的问
题。通过反思，加速问题汇集的进程，促使一线教师在梳理问题、
提炼问题、研究和解决问题的过程中，加快教师专业化发生的步伐。

二、从学习思考中发现问题

教师教学研究的过程是一个不断学习的过程，也是一个不断发
现问题的过程。学习掌握的知识越多，发现问题的眼光也就越敏锐。
学习过程本身就是发现问题的过程。

以前经常说为了给学生一杯有价值的水，自己要有一桶水，但
现在信息时代老师光有一桶水已是远远不够的，老师应该像一条奔
腾不息的长河，源源不断地给学生输送最新的知识。教师要善于积
累，厚积薄发，要有深沉积淀，这样才能可持续发展。与时俱进，
不断地学习最新的教育理论知识，才能真正理解和解决不断发生的
教育实践中所出现的各种问题。了解教育内容的物之理、教育对象

的心之理和教育活动的育人之理，才能找到理论与实践的结合点，促进自己的专业发展。

我们还要虚心好学，向老教师学习，向优秀的教师学习，扎扎实实工作。平时我们教导学生学习上要主动，作为教师自身，在教学也应主动，多向有经验的老师、优秀教师交流探讨教学心得与体会。听一听其他教师的课，想一想自己的课，比一比两节课的优缺点，反思一下自己的教学，取长补短。正所谓"三人行必有我师"。从中获得教学常规与策略，以及易为学生所接受的教学方法和形式。有机会多参加一些优秀课的交流与观摩活动，评课时认真记录每一位老师的意见，供自己回去再慢慢推敲。多听课、多思考、多改进，逐步形成自己的教学风格，努力追求自身教学的高品位。

在教学上，最重要的是一个"思"字。通过思考来提升专业能力，提高专业水平。思，第一层面，即思考，做到课前广思，课中慎思，课后反思；第二层面，即思想，形成自己独特的教学思想和风格。

叶澜教授曾指出："一个教师写一辈子教案不可能成为名师，如果一个教师写三年教学反思就有可能成为名师。"是呀，中国古代就素有"三耕"之说："目耕"（读书）、"舌耕"（教书）、"笔耕"（写作），作为教师，若只是读书、教书，不写作、不反思、不梳理自己的成败得失，又怎么可能提升自己的教学理念呢？要使自己尽快成长起来，就要坚持反思。

反思可围绕课堂教学中的教后小记。"教然后知困"，总结经验，研究困惑，不断改进。把教学过程给人启迪的地方写下来，反思成功之举、失败之处、探索之路、智慧之光、学生之见，正是这看似平常却给人深省的课后小记，能使我们经常梳理自己的课堂，调整自己的教学心态，改进自己的教学方法，促使自己从经验型向科研型方向发展，提高自己驾驭课堂教学的能力。真正的去"用心"做事，"用心"去做教育。

三、从热点难点中发现问题

留守子女问题、社区教育问题如何突破？农村教育问题、职业教育与技能型人才培养问题、素质教育与基础教育课程体系改革问题、高等教育质量和创新人才培养问题，都需要教育科研工作者和一线的教师进行科研分析。

很多教师都有这样的感触：平时在学校除了自己的教学工作之外，上级和学校还会时不时就有新的任务和要求，教师往往忙于应付之中，很少有时间静下心来研究教育教学工作中的问题。

其实，教师可以换一种角度去对待这个问题。上级和学校对教师要求的研究课题往往是教育现象中存在的难点和热点问题。教师完全可以把上级和学校的要求变成自己的课题。研究这样的问题往往会收到很好的实际效益：一方面，这样的研究成果更容易得到认可，也更容易发表；另一方面，它将使自己在执行上级政策和学校要求时更加自觉，更加主动，从而使工作更有成效。那么，教师参与研究热点难点问题怎样才能取得比较好的研究成果呢？

作为热点和难点问题，研究这些问题的重要性不言而喻。很多教师在研究热点难点问题时，都会发现这样的研究成果很容易发表。著名教育家陈大伟对于素质教育的研究就曾有过这样的经历：有一次他在《中国教育报》上看到了"关于素质教育的再讨论"相关文章。读完之后，觉得自己有责任为素质教育高呼，但同时对素质教育又有新的理解。于是，把自己的思考和观点写了出来并发给了《中国教育报》。在一周之后，《中国教育报》就以"学者观点"刊出了他的这篇文章。但是，不是所有对于热点难点问题的研究成果都可以如此顺利发表。要争取被多数人认可，并予以发表，主要是要考虑研究的创新点。

有很多教育难点问题，并不是作为热点出现的，而是在教育一开始就存在的，并且一直以来都有很多人对此进行研究。对于这样的难点问题如果不存在创新，就很难被人们认可。对于热点问题的研究也同样如此。热点之所以热，往往就是因为关注的人比较多，所以才成为热点。教师对于热点难点问题的研究要想脱颖而出必须要有创新。首先是要多读，要研究他人的研究成果，要了解自己的观点别人是否已经表达过了。同时，要判断和比较自己的观点是否有新意。如果涉及方法和操作问题，就要看一看自己的方法是否有时效性、操作性和推广可能。

教师只要时刻关注身边的事情，关注社会热点，教育难点，认真思考，终究会从中发现出问题。

四、发现问题注重思路

1. 要有怀疑和批判的精神

怀疑是产生研究问题最为简便，最常用的思维策略。怀疑是对事物合理性的重新思考，这样可以在原以为没有问题的地方重新发现问题。怀疑不仅可以指向教师在实践中遇到的困难问题，而且可以指向教师在科研过程中耳熟能详的、习以为常的观念和做法。比如，教师对学生的称呼用"孩子们"，这种称谓是否合理？用在几年级的学生身上比较合适？又比如"差生"的概念，什么样的学生是所谓的差生？差生概念是否对学生产生心理阴影？这些问题是在教育教学过程中经常出现的，但是大多数教师却不会对此产生怀疑，也很难想到对这些问题进行研究。

怀疑是研究的基础，研究中没有怀疑就没有创新，没有怀疑就没有超越，更没有进步。对问题的怀疑精神也有质量的高低之分。要提高怀疑的质量，还需要学习怀疑的方法，做到有根据有条理地怀疑。首先，在科研实际效果不理想时，应该对现有的做法和理论进行怀疑；其次，当教师在科研过程中发现新的事实与既有认识和理论发生冲突时，或者不一致时，可以怀疑既有的认识和理论，从而做到有根据地怀疑。怀疑同时还要有条理性，怀疑证据既要有见识的实践基础和理论，也要有合乎逻辑的推断。逻辑是检验理论合理性的工具，当教师在科研过程中发现某种理论、观点不符合逻辑时，就可以对此展开怀疑。

2. 转换角度看问题

一个窗口有一个窗口的视角，也就有一个窗口的风景。从不同角度、不同层次去看，就会有不同的感受，会产生不同的看法，从而形成不同的问题。变化角度是改变原来的思维定式，从不同角度、不同层次去发现新的探索天地，它不以否定原有结论为前提，但它需要摆脱以往的思维定式和已有知识的影响，另辟蹊径。如"评课谁说了算"这样一个讨论，大多数人会从"谁"这个主要出发去研究问题。但是如果抓住"算"这个字，可能就是另一种角度，也就打开了研究课堂教学的另一扇窗户。这就是一种变换角度的方式。

变换角度采用的思维方式为发散思维、横向思维。发散思维具有不定向性，其思维策略具有灵活性和开放性，其思维结果也往往具有多样性。以发散思维的方式去观察和思考，发现研究问题的可能性很大。

3. 学会接力思考

马克思说："人们自己创造了自己的历史，但是他们并不是随心所欲地创造，并不是在他们自己选定的条件下创造，而是在直接碰到的、既定的、从过去继承下来的条件下创造。"人类的研究也好，人类的发展也好，总体上是接力的，或者说是以接力的方式发展的。教育科研也需要一种接力的方式。就像剥洋葱一样，你剥完了发现里面什么都没有，但是你若没有剥过，你又怎么知道里面到底有什么？教育科研不能总是停留在一个感觉的层面，而是要接下去再深入研究，同样可以获得值得研究的问题。

接力思考不仅仅限于对表层问题的深入挖掘，还可以是对前人研究成果的进一步深化。牛顿曾经说过："我不知道在别人看来，我是什么样的人。但在我自己看来，我不过是一个在海滨玩耍的小孩，为不时发现比寻常更为光滑的一块卵石或比寻常更为美丽的一片贝壳而沾沾自喜，而对于展现在我面前的浩瀚的真理海洋，却全然没有发现。如果说我比别人看得更远些，那是因为我站在了巨人的肩膀上。"在研究中，教师要站在巨人的肩膀上，并对给我们提供"肩膀"的巨人、前人、他人表示敬意和谢意。更重要的是，我们又要学会担当起比巨人、前人、他人站得更高、看得更远的责任。

五、研究问题要有思路

教师进行教育研究的过程是一个不断解决问题的过程。如何才能有效地解决问题呢？这其中涉及研究思路的问题。发现只是找到了一个研究点，研究要围绕这个点去展开，那么应该如何展开呢？

1. 第一种思路：具体化思路

具体化可以说是一种细化处理，也可以说是一种理论走向实践化，走向操作化的思路。比如，对于"地理插图的教学处理及素质教育关键"的研究。素质教育的有关理论和原则已经有了，但要落实到具体的实践中去还需要研究实施的方法和措施。拿上面的研究实例来说，可以把地理插图分为"地理分布图"、"地理统计图"、"地理示意图"、"地理景观图"、"地理史料图"、"地理漫画"等不同的类型，在每一种类型下研究"目标追求"、"教学方式"、"教学流程"等内容。这样素质教育在地理插图教学活动中就得到了具体化，变得可操作和借鉴。

具体化的思路很适合借鉴和运用先进的教育思想和经验。将他人的经验运用于实践，要根据自己的实践条件和需要，进行具体化的思考。在进行操作性研究活动时，又不能仅仅满足或者停留在一招一式的研究上，而是要在实践的理念、实践的程序、实践的原则等方面下工夫。同时，要注意避免自己的研究成果束缚后来的实践活动。

2. 第二种思路：实践经验概括化

实践经验概况化也是研究问题的一种思路。对实践经验的研究，不能仅仅停留在就事论事的层次，而是要致力于去发现它的意义和价值。通常，通过深入研究，我们总可以发现诸如理念、原则、方法、模式一类的东西，在这个过程中，具体经验被深刻理解。而在经验概括过程中抽象出来的诸如理念、原则、方法、模式一类的东西则可以在更大范围内影响实践。

比如，前面提到的对于"差生"的这一称呼。最初可能只是觉得称呼一些学习成绩差的学生为"差生"不好，然后就可以抓住这个点，研究差生的概念、使用"差生"这一称呼的后果，以及对这类学生该如何来认识和理解，直至"后进生"这个概念的提出。通过研究这个问题，从而带出许多相关联的问题，最终得出结论。这是一种由此及彼展开联想的方法，在教科研中很容易触发教师的思想灵感，从而带来意想不到的收获。

3. 第三种思路：体系化思路

学校教育是一个复杂的系统过程，仅仅局限于一点、片面思考，必然会顾此失彼。因此，在设计和实施研究的时候，必须有全局观念，整体思想。比如，我们把学生作为研究对象时，不妨再想一想老师、想一想家长，想一想学生生活的周围环境，研究的视野就会豁然开朗。研究视野开阔了，就有可能找出一条更为合适的研究路线。

比如，在研究教学方法时，需要涉及教材，因为任何一种叫法都不是万能的，它总有自己最适用的对象。另外，研究教法改革，就要思考相应的学习方法的改变，因为教法改变的最终目标是学生获得更多的收益。学法没有相应的改变，教法改变的效果就不可信。这样，体系化就成了展开研究的一条思路了。

第五节　教师进行科研的要求

教师科研成果的多少和好坏，除了要求教师要具备的科研意识之外，还要求教师要具备深厚的知识储备，有自己的理想追求，在科研过程中有不畏艰难的科研精神，还要遵守最起码的道德准则以及人文关怀的精神。这些都构成了进行教师科研的必须条件和基本素质。

教育的对象是人，教育研究的对象是由人构成的教育现象。教师进行科学研究可以说最终是为了"人"的研究，这既是一种科学的研究也是一种人文的研究。所以，教师在进行教育科研的同时要具备科学研究精神和人文精神。科学求真，人文求善，科学精神与人文精神并不矛盾，科学追求真理，认识教育的现象和本质，然后又反作用于教育，最终完成"人"的发展。

一、教师科研要有深厚的知识储备

作为"人类灵魂的工程师"，我们只有不断充实丰富自己，不断研究探索，才能适应时代的要求，不断更新知识，提高自己多方面的能力。当今社会，现代科技的发展日新月异，教育科研也必须适应这一新的形势，抓住机遇，勇敢地面对挑战。教师要掌握本专业的基本理论、基础知识和基本技能，了解本学科的历史、现状、发展趋势和最新的研究成果。

专业知识在一个人的知识结构中是起主导作用的，它能帮助人取得事业的成功。一般来说，一个优秀的教师，必定对本专业比较热爱，专业基础知识比较扎实并具有一定的深度和广度。教师只有在具备了比较精深的专业知识后，才能透彻地理解教材，灵活地处理教材，准确地讲授教材。教师对自己所教的专业课程应该了解和精通。对专业知识的了解和掌握要全面、系统、精湛、深刻，不能一鳞半爪，只知其一，不知其二。刚刚走上教学岗位的教师也不要以为在大学里学到的那点知识就足以应付以后的一辈子教学，就可以一劳永逸。

现代社会知识更新的速度很快，传统的、基础的知识要掌握，现代的、全新的知识更要了解和掌握。因此，教师应该不断地学习，孜孜以求，刻苦钻研，要有足够的知识储备，"要给学生一杯水，自己首先要准备一桶水"。

优秀教师既应该是教学工作者，又要是科学研究人员；不仅要具备深厚的基础知识和跨学科的知识，还要对自己所教学科有比较透彻的了解和较深厚的知识储备，同时还要掌握和了解本学科的先进成果，站在学术最前沿，并对学科建设有一定的贡献，取得一定的科研成果。

基础知识在这里是一个广义的概念，是指除专业知识以外的一切知识，包括哲学、社会科学和自然科学知识。唯物辩证法告诉我们，客观世界的万事万物虽然千差万别，但又是普遍联系着的。每门学科虽然各有各的系统，相互独立，名称各异，但是它们并不是彼此孤立的。随着科学技术的进一步发展，各个学科之间的联系正日趋紧密，很多边缘学科不断出现，学科与学科之间相互联系，相互渗透。在当今社会，只对单一的专门学科感兴趣，对其他学科知识一概不闻不问，那他一定不能成为一个优秀的教师。现代社会要求教师能够跨学科学习，打破封闭式的知识结构，摆脱狭窄的专业知识的局限，以不断充实、调整自己的知识结构。

比如，语文教师就应当成为"语文的化身"。"语文"指语言文字的知识与文学常识。不是仅仅是指对课本上那些课文的字词句段篇的认识，语文老师要具备一定的古代汉语、现代汉语、文学理论的基本知识，对于各种文体要有准确把握的能力。比如面对一篇童话，语文教师首先要知道什么是童话，基于童话体裁应该如何教学。这正如美术中的素描课，老师的课堂要有素描课的特色，而不能用油画的方法来教学一样。童话课应该上出童话的味道；诗歌应该上出诗歌的感觉；散文要有散文的特色。不同的文学作品应采用不同的格调来设计课型，讲《荷塘月色》那样文质兼美的散文绝不能等同于《赤壁之战》那样的历史背景的了解、人物形象的分析、场面描写的欣赏。基于文本的文体特点来体会文本表达的特点，是需要教师深思和加强的。

同样如此，教师进行教育科研是立足于教育实践，在实践中探索，将经验提升为教育理论。这单凭教学经验是远远不够的，还需要扎实的专业知识和广博的基础知识，以及涉足的研究领域内的最新的专业理论知识作为支撑。所以，教师科研必须具备深厚的知识储备，不断地吸收新知识来充实自己。

二、教师科研需要有理想追求

不管一个人的事业如何，生活如何，重要的是要对未来充满理想。理想是人们对美好未来的向往和追求，理想是人们从事各种活动的动力、源泉和精神支柱，只有在理想的激励下，人们才能在追求理想的过程中不断迸发出智慧的火花，产生创新的行为。

理想的探寻过程其实也是一个人不断完善自我和超越自我的过程，亦是社会发展不可缺少的前进动力。对于教师来说，尤其需要理想的指导。阅读朱永新教授的《我的教育理想》，总会为它感动。那份理想对一个人成长的重要让我们触手可及；那份对教育过去、现在的理性思考，对未来教育诗意般的憧憬和理性的趋势分析，用盛满激情的理想剖析今天的教育得失，用写满诗意的理想折射明天的教育光芒，用充满活力的理想展望新世纪的教育曙光。那种对理想的学校、理想的教师、理想的校长、理想的学生以及理想的家长的定义让我们如醍醐灌顶。

对于教师，其要求已不单单是"传道授业解惑"，更要求教师能够将授课知识与个人发展及"革新者"等几重角色融合为一体。使自己的人格及教育教学水平得到升华，以适应科技更新极其频繁的未来。或许正如一首小诗《理想中的老师》中所写的："是你，我的老师，是你微微的低吟，连接着意识与真理，连接着历史与文明，连接着我们与明天"。

做一个有理想的教师，应该是胸怀理想、充满激情和诗意；应该是自信、自强，不断挑战自我；应该是善于合作、具有人格魅力；应该是充满爱心、受学生尊敬；应该是追求卓越、富于创新精神；应该是关注人类命运，具有社会责任感。只有一个对教育事业和教学工作充满理想的教师，才能在教育科研中发现问题，解决问题，才能推动教育教学事业的进步。

三、教师科研要有人文关怀精神

人文精神是一种普遍的人类自我关怀，它是整个人类文化所体现的最根本的精神，以追求真善美等崇高的价值理想为核心，以人的自由和全面发展为终极目的。这种精神形成于人类认识自我、发展自我、完善自我以及自我需要过程中，并规范、指导和约束着人类自身的各种活动。

智慧的人文关怀应该学会保护。教师要像保护荷叶上的小露珠那样细心保护学生，保护学生的自尊、人格，保护学生的创新发展、独特思维，保护学生想做"好孩子"的意识。保护的对立面是"挫伤"、"扼杀"，我们切不可追求教育的急功近利，让师爱变味，让"师爱"这支利箭封杀学生的可塑性发展。

教师进行教育科研除需要具备人类基本的人文精神外，他的人文关怀还必须与教育这项崇高事业和教师这个特殊职业紧密融合。教师研究的目的应该出于对人的关心，出于改变人的处境和命运的动机，致力于人更加幸福的生活目标。因为教育的人文精神是教育的本质力量，也是教育的本源属性，它以人性发展的可能性为起点，以关怀人的全面和谐发展为核心和最高目标，让人成为一个人。在新的时代背景下，当代教师人文精神结构框架应该包含以下几个方面：

1. 丰富的人文科学知识

人文科学知识是形成人文素质的基础，正是人类千百年创造的艺术、美学、文学、宗教等人文科学荡涤兽性、纯净人性。但长期以来人文教育受功利主义影响而得不到应有的重视，导致受教育者对中国传统的文化历史知之甚少，目光短浅，感情淡漠。

我们教师也同样存在着人文知识的空白，知识面狭窄，局限于本学科有限的一点知识，思维僵化，不能融会贯通，工作内容、教学形式趋于教条化、课本化，对教书育人的认识和把握的层次较低，人格品位低下，凡此种种，对学生以及国家的长远发展无疑是不利的。因此，教师应该有意识地补充丰富的人文科学知识、不断提高自己的艺术、文学等造诣，消化吸收，使自己成为一个丰富的、有高尚境界的教育者。学校应该为此创造良好的条件。

2. 全面正确的教育价值观、知识价值观、学生观和教学观

教育真正的巨大力量存在于教育的本质、人性的本质、教育的人文精神中，对它们的不同认识和贯彻便产生了不同的教育价值观、知识价值观、学生观和教学观，进而导致了不同水平的教育成果。可以说，目前的学校教育还存在着不少背离教育本质与人性本质的情况。尽管作为教师，他无法完全去除制约教育本质发挥的一些深层因素，无法抗衡已有的顽固惯性，但是作为一个能够主动影响下一代灵魂的群体，他们有责任在现实和理想之间寻求最和谐的发展与统一，获得最理想的教育效果。

教育人文精神的价值更多倾向于受教育者的情感和人格，而非某些人认定的为社会运转生产大量的技术分子和工具人。教育首先关注的是人，是培养具有健全人格、完整智慧、适应个体身心潜能发展的、适应社会各个层次需要的人，只有这样的人才能真正有效推动整个社会的健康进步。现今大力倡导的新课程改革真正体现了对"人"的关怀，学生不再是被动接受知识的容器，也摆脱了单纯为社会服务的功利性倾向，将人的发展与社会的发展统一在真善美的境界中。

3. 现代教师意识

现代社会发展对教育的依赖程度相比以往大大增强，面对纷繁复杂的社会变革和教育自身的变革，现代教师应该以更高更广的视野来审视教育，迫切需要树立全新的现代教师意识：对人类民族命运的关注和责任意识、现代意识、全球意识、全人意识、信息意识、法律意识、课程意识、教育科研意识等等。意识指引着实际行为，教师一旦树立了这些意识并真正贯彻到自己的教育行为中去，才能正确把握时代的脉搏，教师所培养的学生也才能成为适应并推动社会发展的有价值的地球公民。

4. 高尚的道德人格和健康的心理素质

教育的真谛是育人，育人的核心是塑造人格、养成道德、培养人文精神。人格、道德、人文精神的获得更多地通过潜移默化的感染、熏陶，因此教师必须道德高尚、人格完整，这也是素质教育提出的要求，而且这种道德人格必须是建立在上述知识、观念、意识的综合融通的基础上的，这样的道德人格才具有巨大的教育价值和教育个性。

心理健康是现代人立足社会、生存发展的一项基本素质，教师的心理素质不能满足于平衡心理、愉悦生活的层次上，他更要以健全的心理素质去操纵课堂教学和课外教育活动，以从容不迫、游刃有余的理智去准确生动地感染学生，以自然真实的情感表达与学生产生心灵的共鸣，以形式多样的心理技巧增进教育教学的成效。

四、教师科研要有不畏艰难的精神

马克思说："在科学上没有平坦的大道，只有不畏艰苦，沿着陡峭山路攀登的人，才有希望达到光辉的顶点。"科研研究的过程是一个漫长而曲折的过程，需要研究者付出很多努力。

2007 年，空缺了两年的国家自然科学奖一等奖颁发给了一群甘于寂寞的中国科学家——南京大学固体微结构实验室闵乃本、朱永元、祝世宁、陆亚林、陆延青等 5 位教授。从 1986 年至 2005 年，整整 19 年，他们埋头于介电体超晶格的研究，不断追求和创新，使一个冷门学科发展成了热门领域。而且，在这个领域，中国科学家引领了世界最先进水平。

人们常用"板凳要坐十年冷，文章不写半句空"来赞赏那些甘坐冷板凳、一心做学问的治学精神。搞科研正是如此，没有"板凳要坐十年冷"的耐力和韧劲，就不可能取得根本性的突破。闵乃本团队正是怀着对科学的深厚感情，才能 19 年如一日甘于寂寞、淡泊名利、甘坐冷板凳、演绎着最富色彩的物理创作人生，才能在 19 年的相当长时间里没有钟点、没有周末、没有假期、一有空就自觉地泡在实验室里如痴如醉地潜心研究，才能取得辉煌成就、赢得崇高的荣誉。

正缘于此，闵乃本获奖后接受记者采访时感慨地说："真正的科学家要耐得住寂寞。科学研究不能以功利为目的，当我们设想介电体超晶格这个研究系统的时候，根本没有预想到今天的这些成果，只是埋头做下去，越做越有兴趣。我们相信，真正的科学，到了一定的时候，一定会对人类有贡献。"此言道出了一个真正科学家的心声，让人感动！

自古圣贤皆寂寞。要想在自己的科研领域取得巨大成绩，决不能急于求成，更不能为名利所惑。据调查，2006 年度国家科学技术奖 75% 以上的项目经过 5 年以上的科研攻关，37.7% 以上的项目经过 15 年以上的长期研究。很多获奖项目的课题组在选准研究方向后，坚持不懈、淡泊名利、潜心研究，经过长期努力，最终做出重要的学术成果，获得了国内、国际学术界的共同认可。

教育科研同样如此。虽然对于教师来说，教育科研与教学活动紧密相关，具有不同于其他科研的特殊性，教师也不同于专门的研究工作者。但是，教师科研也并非阳光明媚，把教育科研当作是一件很简单的事情，而不愿意下苦功，遇到困难就大失所望，垂头丧气，是绝对不可能在此领域取得成就的。

教师从事教育科学研究同其他科研一样，也要付出艰辛的劳动。要想成为一名优秀的研究型教师，就必须要有克服困难的坚持精神和战胜困难的勇气，要不怕失败，勇敢面对别人的不理解，乃至于冷嘲热讽，耐得住寂寞，抱着"板凳要坐十年冷"的决心勇敢地把教育科研这条路走下去。

五、教师科研的道德准则

今天，我国教师教育科研取得了长足的发展，但同时也存在着一些不容忽视的问题。比如，抄袭剽窃他人研究成果，侵占他人科研成果；伪造篡改实验数据，重复发表论文；在教育科研活动和教育科研成果评价活动中弄虚作假、投机取巧，等等。面对泛滥的学术造假现象，中国工程院院长徐匡迪曾在院士大会上发出警告：院士群体科学道德面临挑战，科研学术腐败现象令人震惊。这种现象不仅仅存在于高等教育院校，即使是在从事一线教学的教师、基层教育研究人员的身上也有此种违背科研道德的事情发生。因此，加强教师自身科研道德规范是十分必要的。

教师进行教育科研要有严谨求实的科学态度。教育科学研究是对教育未知领域探索性的活动，来不得半点虚假，需要教师具有严谨求实的科学态度。正像邓小平同志所说："特别是科学，它本身就是实事求是，老老实实的学问，是不允许弄虚作假的。"那种主观随意、马马虎虎、弄虚作假的行为，是教师科研道德所不允许的。这样也就不会有真理、科学。教师在进行科研的同时，要加强自身的科研道德建设，严格遵守科研道德准则。

1. 要树立正确的科研道德观

科研道德是各种道德在科学研究工作中的特殊表现，是调整人们行为的一个特殊方面。树立正确的科研道德观是教师在科学研究活动中获得优秀科研成果必备的条件。现代科学研究来不得半点的虚假和浮躁，教师科研要发扬诚实守信，求真务实，学风严谨，学术创新，刻苦攻坚的风格，发挥主人翁和团队协作精神，把科研工作当成事业去追求。在具体工作中，课题负责人要严格把关，强化管理监督，在论文发表，项目执行等环节加大审核力度。科学实验数据要经得起推敲，学术论文要有足够的创新点才能够发表，做到宁缺毋滥。

2. 坚持实事求是的精神

实事求是就是在整个研究过程中，不得有意地采用虚假的材料或杜撰的材料，不能在成果中做出虚假的报告，不得剽窃他人的劳动成果。在自然科学研究中，强调科学现象和结论的可重复性、可验证性。在教育科研中，很难以可重复性、可验证性来要求科研成果中的真实性，这更需要研究者实事求是的道德自觉和自律。

教育科研是老老实实的事情，来不得半点虚假和捏造。必须一丝不苟、严谨治学，确保教育科研数据准确、论据充分、逻辑严密。那种马马虎虎，弄虚作假的行为，是为教育科研道德和法规所不允许的。

3. 尊重他人

尊重别人的劳动成果、尊重其他研究者也是教育科研中所必须遵守的一种道德准则。对他人的劳动成果尊重主要是指：在引用他人的论著、观点或数据时，应该注明出处，不能把他人的成果据为己有；在引用时，要防止断章取义，导致误解。在发表科研成果时，要为做出创造性贡献且能对有关部分负责的人员署名，如果他本人不同意，就不能将其排除在作者名单之外。相反，如果在研究中没有实际贡献，就不能让他们署名，让没有实际贡献的人署名也属于违反实事求是的科研精神。

在研究过程中要发扬学术民主，鼓励学术争鸣。科学上有不同学派、学术上有不同观点，这是一种十分正常现象。尊重同行，不得阻挠和妨碍他人的研究。在进行讨论和学术争论时，应该坦诚直率，科学公正，敢于发表自己的观点，虚心学习和借鉴他人的观点。教育科研工作者相互之间的密切配合协作，组织共同攻关，显得越来越重要。这不仅是方法问题，同时也是科研道德问题。因此，要求在教育科研的协作共事中互相尊重、互相学习、互相帮助、优势互补、成果共享。

4. 维护学生的权益

在教师进行科研的过程中会有学生参与到其中来，这也是教育科研不同于其他科研的特殊之处。比如，教师进行作文改革，学生创作了一篇非常优秀的作品，该如何署名？如果产生相应的经济效益，教师应如何处理？科技教师组织科研发明活动，学生作品获得国家专利，教师应如何对待？这些都可能涉及学生智力成果或荣誉权的侵权问题。因此，在教育科研中还应该时刻维护学生的权益。

教师科研应该保护学生受教育的平等权。《教育法》第四条规定："凡具有中华人民共和国国籍的适龄儿童、少年，不分性别、民族、种族、家庭财产状况、宗教信仰等，依法享有平等接受义务教育的权利，并履行接受义务教育的义务。"

此外，还要注意保护未成年学生的个人隐私。《未成年人保护法》第三十九条规定："任何组织或者个人不得披露未成年人的个人隐私。"最后，教师科研要保护学生的智力成果和荣誉权。《未成年人保护法》第四十六条规定："国家依法保护未成年人的智力成果和荣誉权不受侵犯。"

第六节　成为优秀的科研型教师

在传统的教学当中，教师的角色是大纲、教材的解说者、知识的传授者、灌输者，应对各种考试的组织者，教师可以凭借自己已有的知识和经验较好地完成教学任务。但新的课程改革在要求教师成为学生学习的组织者、引导者和合作者，成为一名研究者，成为一名研究型的教师。

对于相当数量的教师来讲，完成这样的角色转变，从根本上改革自己多年来形成的教学方式是一件十分复杂十分痛苦的事情，压力是很大的。事实上，新的课程改革在对教师传统角色、传统教学方式形成前所未有的冲击的同时，也为教师成为研究型教师提供了广阔的发展空间，只要教师在教学中，把成为一名合格的教学工作的组织者、研究者、领路人，成为一名研究型的教师作为一种理念，作为一个追求的目标，在课程改革中是可以大有作为的。

一、教师科研需具备的素质

什么是科研素质呢？所谓科研素质就是教师善于创新教法并具有学习实施新教法的能力，是能对自己的教育教学实践和周围发生的教学现象进行反思、从中找出规律性的东西并指导今后教学实践的能力，是能进行课题研究并能撰写教学论文用于指导教学实践的能力。有些教师教学多年，经常重复上课、批作业、辅导学生的单调工作，不能想办法提高或充实自己的科研素质，增加自己教师角色的内涵成分，始终停留在初为人师的水平上，是典型的专业没有成长起来的落伍教师。

如何提高教师的科研素质，使教师的专业成熟成长起来呢？提高科研素质，还是离不开课堂教学和自己所从事的具体工作。离开自己所从事的具体工作，教学科研也就失去了其生存的土壤。

1. 从课堂教学入手，提高科研素质

课堂是教师教学的主阵地，也是教师教育科研的主阵地。教师每天都要进入课堂"传道授业解惑"，如何"传道授业解惑"，如何面对不同个性的学生因材施教，如何教给学生学习的方法或技能，等等一切众多的与课堂教学相关的问题都是教育科研的热点问题。教师只要紧紧抓住课堂教学中的热点问题进行反思摸索，从而寻找出规律性的东西来深化课堂教学，就是最好的科研工作。长期如此，就能提高科研素质。大致可从以下三个方面寻找科研的突破口。

（1）探索课堂教学模式，形成自己的教学特色。课堂教学模式是指为完成规定的教学目标和内容，对构成课堂教学的诸要素进行组合设计而形成的特定程序。探究课堂教学模式，有利于提高课堂教学水平。比如一位教师在教授现代文秘班《应用写作》时，采用

"演讲——引入新课——讲授——练习写作——讲评"的模式，上课效果较为明显。在抓演讲环节时，每天安排两名同学演讲，之后从学生的选题、稿件质量、演讲技巧等方面进行点评，学生现场感受、体味演讲的重要性及演讲方式方法，学生的演讲能力提高很快。这完全可以作为一个小课题进行研究。所以研究教学模式是教师做教育科研的一个很好的课题。

（2）从阐释完善教学内容入手，寻找科研问题。教材由于编排内容的限量，往往阐释、注解不够。教师在讲授时，需要多加注释或补充一些知识点来辅助讲清教材内容。而这种阐释、注释、多加知识点的做法就是教师的教学创新。教学创新天天都有，教师若能及时加以归纳总结，就能丰富教师的科研素质。

（3）从总结教法入手，提高课堂教学效率。教无定法，不同的课程不同的学生要用不同的教法。教师在一生的教学生涯中，用多少方法教授学生很难统计，但善于总结创新教法是教师提高科研素质事半功倍的做法。

2. 从所从事的工作入手，提高科研素质

教师不仅要承担课堂教学任务，还要从事服务、管理等工作，但即使是从事服务、管理等工作，只要用心思索也有许多科研价值值得研究。

总结工作经验升华为理论，用于指导实际工作。任何一项工作都有规律可循，都有经验可得。能积累经验可使工作少走弯路，将积累的经验经过提炼梳理升华为理论而用于指导今后的工作是符合事物发展规律的。

以"问题"作为课题进行研究，通过"研究"解决"问题"。工作中总会遇到许多难以解决的"问题"需要我们去研究，去寻找解决问题的途径和方法，我们的工作也是在解决这些"问题"的同

时才得以推进的。若能将"问题"立项为课题去研究，将是提升科研素质的最好举措。为什么会有"问题"产生，采取什么措施来解决，所采取的措施理论依据是什么，解决的具体过程和步骤又将如何考虑，这些都是课题研究的具体内容。在研究中解决问题，在解决问题的过程中研究课题，两者互相推进互惠互利。

总之，提高科研素质并非高不可攀，只要教师从最具体的工作中着手，善于总结，善于反思，用心攻关，用心研究，科研素质会一步一步提高的。教师也会在科研素质提高的过程中逐渐成长成熟起来。

二、科研素质之阅读

教师要教好书，必须一生不离读书。不仅因为师未必贤于弟子，弟子未必不如师。更重要的是为人之师，要有较深厚的文化底蕴，专业化的理论修养，宽厚仁爱的人文精神，独具魅力的人格品质。大量阅读，仔细咀嚼。"读书、读书、再读书！这是教师素养的这个品质要求的。"苏霍姆林斯基在任帕夫雷什中学校长时就规定教师必须读一些教育名著。其实，读书的过程就是一个与世界进行交往的过程，一个从狭隘走向广阔的过程。

1. 读书的内容

中小学教科书就是很好的读物。尽管我们的中小学教科书编排得还不是特别理想，但是对于教师来说仍然是很好的读物。因为在中小学教科书中凝结了人类的基本经验，那些内容是最基本的、最核心的内容，是构建我们精神大厦最主要的元素。中小学教科书的内容过去我们都学过，但今天我们的眼界发生了变化，再加上我们的经验背景也发生了很大的变化，去阅读哪些我们熟悉的材料，会有新的感知和收获。同时，对于教师来说，阅读各科教科书，不仅能"温故而知新"，还可以在自己所教授的课程中经常提及，这样就可以利用学生已有的经验背景，帮助学生融会贯通地理解学习内容，也有助于学生形成对世界的完整理解。

教师除了阅读各科的教科书外，阅读一些优秀的教育刊物也是很有必要的。好的教育刊物往往及时反映了教育界同行们对于教育最前沿问题的思索，可以引发自我的思考和探索，同时对自己的研究和发展也会起到一定的推动作用。教师还需要阅读一些滋养心灵，温润生命的书。特别是一些经典文学作品和思想随笔之类的书籍，这些文质兼美的作品，会使我们的内心变得温暖、丰富、细腻，让一个人活得更加鲜活。

2. 读书的方法

读一本书，要明确读书的目的，讲究读书的方法。读书要思考，要辨析，不能生吞活剥。为了简单地追求文艺作品中的某种生活状态去读书是不科学的。清代袁枚说："读书不知味，不如束高阁。蠹鱼尔何如，终日食糟粕。"有人读书读了半世，亦读不出什么味儿来，那是因为读不合适的书，及不得其读法。

培根提出读书的功用：饴神旷心，增添情趣，长才益智。时至今日，读书又有"吞"、"啃"、"品"之法。不吞，无以求其广博；不啃，无以致其精微；不品，无以得其精神。读书，需要反复咀嚼且品味，就像吃豆腐干，嚼来嚼去，临了吞下细细的香末，还有余味在口中。如此说来，切不可开了卷，浅尝辄止，或者囫囵吞枣不知其滋味。所以教师在读书过程中，不仅要注重读书的内容，还要有一定的阅读方法。

3. 读书的习惯

教书的人爱读书、多读书，不仅是职业的需要，更应该成为一种习惯。因为读书能提高教师的生命的厚度、高度和品位，教师只有有了一定的宽度和深度的阅读，才能口吐莲花，妙语连珠；才能让我们的课堂不仅仅是传授知识，培养技能的训练场，更是传递思想、启迪智慧，充满人文情怀的和生命的大课堂；才能最大限度地实现教书育人的终极目标。

让我们在读书的过程中把教育实践与读书结合，形成自己的教育主张和思路，形成自己的教育表达，反思自己的教育细节和习惯，达到立德、立志、立行；让我们在读书的过程中用知识与技能来改变自己的人生；让我们在读书的过程中"学习——实践——写作，读书——教书——写书"，为自己构筑读书生活，培养自己的读书习惯，培植读书心情；让我们在读书的过程中率性、自然、平易、真实地写作，提高自身执教科研的能力，从而促进专业成长。

三、科研素质之材料搜集

教育科研资料能使研究者了解有关研究领域的已有成果、发展历史、当前研究动态，还可以帮助教师选择和确定研究课题、为论证课题提供理论和事实依据、启发研究者的思维及激发灵感。教师科研过程中搜集资料的渠道有以下几种：

1. 通过图书馆搜集资料

为了更好地利用图书馆的资料，研究者要能熟练地使用工具书，包括检索性工具书和参考资料性工具书。有关教育方面的检索性工具书主要有：

（1）书目：即将各种图书按内容或学科分类所编的目录。书目的种类较多，有图书馆的目录卡片、各大图书馆的藏书目录、全国图书目录、各出版社图书目录、各年份出版图书目录等。

（2）文摘：即论文、文章的摘要。它除题录外，还概括地介绍了原文的主要内容，例如《新华文摘》、《国内外教育文摘》、《教育文摘报》、《教育信息报》等。

（3）索引：是将书籍或报刊中的内容或题目摘录下来，分门别类地编成简括的条目，并注明该书籍、报刊的出处、时间、期数、页码等，然后按一定的次序排列起来，供人查检。例如《全国报刊索引》《内容资料索引》《中文报刊教育论文索引》《教育论文索引》等。

2. 通过网络搜集文献资料

理论型文献是指对教育教学理论进行研究探讨的文章，主要表现为各种专著，发表于教育期刊、杂志和报纸的论文。科研要有所创新，就必须查阅已有相关的教育理论文献，这既可批判地继承已有的研究成果，又可开阔自己的思路。那么，该怎样搜索教育科研需要的理论文献呢？

要确定文献的范围，有针对性地去搜索资料。比如根据主题从资料的来源和形成时间上加以限制，集中精力在限定的范围内搜集有价值的、具有典型意义的资料。要细致查阅与研究问题有关的专著和论文。这就需要查阅有关的书籍、文章。一般可利用图书馆网站来检索。同时也可以利用文献信息网来查找。比如中国学术期刊网就有大量的教育文献资料。

如何搜集文件档案型文献和事实型文献？文件档案型文献是指从中央到地方关于教育的法规、政策、规划及各种统计资料，学校的各种规章制度、发展规划等。这些文献，可考虑到有关地区的政府网站，研究所网站，学校网站找；统计数据可查找各级各类统计年鉴或各种统计报表。教育的事实型文献是指以记载教育活动、人物、事件为主要内容的文献。主要有学校及班级的工作日志、工作报告、会议记录、节假日活动的录像、录音与摄影；教师的教学计划、教案、工作小结；学生的作业、日记、成绩册等。这些文献，可以考虑到有关学校的网上信息中心查找。

3. 问卷调查法获取资料

在教育科研中，还有很多资料靠"查"是不够的，比如，学生的实际喜好，教师教学的感受，等等。这就可采用网上问卷的方式来搜集。问卷方式是研究者为了了解某种情况事实或意见，向研究对象分发问卷请其填写答案，或者在网上进行问卷调查。

由于问卷是将调查的对象分成若干个变量，然后再编成具体的问题，制成标准化表格。这样就可以获取多因素资料，针对性强、准确性高。尤其是封闭式的问卷更是便于进行科学统计以做定量分析。并可以在短时间内进行大范围的资料搜集，增加了资料的全面性。此外，问卷方式可以减少回答者的心理压力，凡在谈话时不能直接提问的，均可在问卷上得到回答。有利于搜集到真实的意见和建议。

4. 通过个别交流来搜集资料

交谈，是人与人交往最平常不过的形式，又是信息交流最基本、最常用的方式，同时，它也是一种很好的搜集资料的方式。教育活动是主观性活动，在这个活动中主体有丰富的内心世界，研究对象"到底是怎么想的？""到底需要些什么？"类似这样的问题只有通过真心相待的、轻松平等的交谈才有可能了解到。

有证据表明，交谈这种手段对于研究儿童的个性，探索其表现的根源，了解儿童的思维过程或思想状况，发现学习上困难的原因；了解儿童的家庭情况和父母对儿童的教育态度，了解教师备课方法以及工作的经验体会；了解人们对某些事物的看法、意见和态度，了解个人的经历、抱负、兴趣、爱好和信仰等等内心活动都有着重要的意义。

在教科研活动中，教师还可以有意识地同本专业的学者、专家、同行进行个别交流，能较快地获得文献资料中难以得到的情报，而且比查找散见于成千上万种报刊的论文容易得多，并具有高度的选择性和针对性。

5. 通过参加学术会议来搜集资料

在学术会议上同本专业的专家交流和倾听他们的讨论发言，能了解目前的研究动态，发现自己的缺陷，得到大量有价值的信息，提高自己的科研能力。

四、科研素质之自我反思

自我反思是教师以自己的职业活动为思考对象，对自己在职业中所做出的行为以及由此产生的结果进行审视和分析的过程。自我反思的本质是一种理解与实践之间的对话，是这两者之间的相互沟通的桥梁，又是理解自我与现实自我的心灵上的沟通。值得指出的是，反思并非教师对教育教学工作进行一般意义的思考和回顾，而是根据反思对象的不同，采取相应的反思方法和策略，达到反思的目的。

自我反思有助于教师优良专业精神的形成。教师优良的专业精神能够确保教师专业价值与功能的充分发挥，而教师专业精神的培育需要教师不断自我反省、自我调节、自我促进。教师形成反思意识，养成反思习惯，强化对事业、对学生、对自己的责任感，有助于形成教师爱岗敬业、虚心好学、自我否定、追求完美等优良专业精神和意志品质。

自我反思有助于教师实现专业自主。教师专业自主性主要来源于教师的专业知识和能力。反思有助于教师获得专业发展，所以，通过反思提高教师的问题意识和教育研究能力，使教师能主张他的决策和行为，并为其辩护，独立解决教育教学实践中遇到的各种问题，进而发挥手中的专业自主权，实现专业自主。

自我反思是教师发现自己隐性的教育思想的工具。以前，教师手中也有研究观察教学与学生学习的思维工具，这就是我们从教育研究者那里学来的教育理论知识，这只是从别人处借来的工具。现在，经由自我反思，我们突然发现我们手中也有了自己的"工具"。我们经由自我反思可以观察研究自己的教学。那些在日常中我们意识不到的教学行为，没有深思的教学观念，在反思的关照下，对自己和他人的行为与观念就会有了深层的认识。

自我反思是充分挖掘自己专业发展资源的主要方式。教师自身的经验是增长专业知识和提高能力的重要基础，只有经过不断的自我反思，才能使原有的经验不断地处于被审视、被否定、被修正、被强化等思维加工中，去粗取精，去伪存真，这样的经验才会得到提纯，得到升华，从而成为一种开放性的知识系统。唯其如此，经验才能成为教师发展的重要教育资源。教学反思有助于改造和提升教师的教学经验，为教师开辟了一条专业发展的新路。

教学反思能够唤起教师对教育教学中真实问题的关注，教师始终带着问题意识面对教育现象，使教师逐渐地具备了教育家的专业眼光，具备了研究者的素质和能力，也就会找到真正需要我们解决的问题。形成问题意识，教师就会找到反思的触点，其反思的内容会更加丰富，反思的广度和深度会更加深入，引领教师进行深层次的教育探究。要实现教师专业化，持续化发展，就必须大力倡导自我的反思实践，使自己拥有这种思想、意识、能力、习惯，最终实现在教学反思中不断成长。

五、科研素质之创新精神

1. 树立科学的创新观

要培养教师的创新精神，管理者要树立科学的创新观，要认识到创新在教育教学中的重大意义，然后要让教师转变观念，从传统的教育观念的束缚中解放出来，引导教师树立正确的创新观。实践告诉我们，我们的教育只有搞素质教育、创新教育才有出路。事实证明，"终身学习和与时俱进，开拓创新的能力"应是一个教师应具备的基本能力和基本素质。这要求教师必须具备几种新的教育观念：即素质教育观念、教育个性化理念、教育国际化理念。学校可经常组织教师学习创新理论，订阅创新学习刊物，组织创新主题讨论，开展创新活动，使教师逐步形成健康积极的创新观。

心理学研究表明，宽松和谐的人际环境，使人脑细胞容易兴奋，使人的思维更活跃，更有利于激发人的创新意识和创新动机。因此，要有效培养教师的创新精神，学校领导就要高度重视在学校构建具有浓厚的民主平等、尊重、信赖、协作的气氛和良好的人际环境，及时了解、及时把握、及时疏通、及时分析学校与教师两者工作要求的心理差异，找出二者相互满足的结合点，让教师的心理始终处于一种良好的状态，从而投入到学校和集体的工作中去。

比如教师也有自己的兴趣爱好，健康的爱好、兴趣是一种无形资产，如果管理者引导得当，能使教师保持积极向上的心态。要给教师一个宽松和谐的工作生活环境，支部和工会工作就要配合行政营造气氛，正确引导非行政性生活团体，发挥教师个人兴趣爱好，合理满足教师要求，让教师保持良好的工作心态；对教师业务、科研管理、人际管理要坚持"严宽"并重，工作过程管理要严，但人际环境要从宽，以求得和谐发展。让教师在一个宽松而又和谐的环境中工作。

2. 在科研中培养自我创新意识

教师的教育教学研究以教师的发展为本。针对自身教育教学中的情境性、具体性、个别性问题展开。重视教学研究中的独立思考，同时积极开展教师同行之间、教师与专家学者之间、教师与学生家长之间的合作研究与对话，借助于别人这面镜子，洞察自身，体验研究过程，解决现实问题，更新个人实践知识，提高专业素质，在描述分析案例，讲述自己故事，记录自己反思、改进教学工作历程中反映自己开发研究的技艺成果。

从课题研究中提高教师的科研创新能力。所谓课题研究项目，就是从研究方面向所指示的问题中确立的研究项目。课题的选择过程就是对教师知识水平，综合分析能力的一次检查培养过程。不论采用何种方法选择课题，进行立项，都必须要面对许多知识、新技能，必然要加强学习，吸收相关的信息，要用新的眼光看待自己习以为常的教育实践过程，这个研究过程正是教师提高和发展的过程。课题实验阶段，也是教师迅速成长的阶段。在此阶段必须紧紧围绕课题，对所研究项目进行观察、记录，通过掌握大量数据，得出研究结果，从而做出最后课题的结题报告。从整个过程看，课题研究也是教师整体素质提高的一个最佳途径。

教育科研本身就是一种以探索教育规律为目的的创造性的认识活动，教育科研过程中需要自觉学习教育理论，钻研大纲教材，总结经验教训，接触大量新信息，搜集很多相关资料，而且还得有自己的思想，观点，还得提出自己与众不同的新思想、新理念、新理论等。这就使教师在各种级别、各种层次的科研活动中得到实际锻炼，渐渐地增强创新意识，潜移默化地形成创新精神。因此，教育科研对培养教师的创新精神具有重要的推动作用。

第七章 优秀教师的创新课堂

第一节 创造自由、宽松、民主的课堂范围

【案例】《心声》的教学过程

一、导入新课

老师：同学们，上课前，我们先来一个实话实说。在你的人生历程中，肯定有一些事曾触动过你的心弦。今天，老师就为同学们提供一次一吐为快的机会。请同学们畅所欲言，说说自己的心里话。

学生1：我觉得，父母是世界上最伟大的人，我们每一个人都应热爱自己的父母。小时候，父母对我是精心呵护，给我做好吃的，记得那一次，我生病了，父母一夜未眠，第二天，又陪我去医院，直到我的病好了他们才放心。从那时起，我知道了什么是感恩。

学生2：现在，我觉得同学们之间的关系并不是很和谐，有许多同学比较自私，不愿帮助别人，老是想着自己，记得有一次，有一道题我不会做，我问过很多同学，他们中有学习好的，也有学习差的，但没有一个人告诉我如何去做。

学生3：自从上学以来，我觉得家长与我们之间的距离越来越远

了，他们不理解我们，他们只是按照自己的想法来为我们安排一切。

学生4：个别老师上课的时候，经常提问，但是他们提问的对象却是那些成绩优秀的学生，而那些成绩暂时落后的学生却经常成为老师遗忘的角落。我认为老师的这种做法有些不妥。老师应该一视同仁，公平公正的对待每一个学生。

老师：刚才我们有四位同学说出了自己的心声。我想告诉第一位同学，"树欲静而风不止，子欲养而亲不待"，趁我们年轻，趁我们的父母还健在，请善待我们的父母。我想告诉第二位同学，把同学当朋友，多说说自己的心里话，或许情况就会得到改善，问题就会得到解决。我也希望同学之间能够互相团结，记住，"给别人一缕阳光，自己就可能得到一轮太阳。"我想告诉第三位同学，"可怜天下父母心"，多做换位思考，你就会明白父母的良苦用心。我想告诉第四位同学，你很有爱心，乐于助人，大胆的说出来或者给这位老师写封信，这位老师可能就会改变自己的教学行为，毕竟教学相长。

老师：同学们，其实，当我们遭遇不平时，我们不应怨天尤人。我们不能改变环境，但我们可以改变我们自己。今天这堂课，我真心希望，我能做同学们的朋友；我更希望，在座的每一位同学都能毛遂自荐，积极发言。

二、整体感知

老师：请同学们认真阅读《心声》一课，读中注意借用工具书扫清文字障碍。

（学生读课文，教师巡回指导）

老师：阅读结束了，同学们有什么感受在心中油然而生？

学生1：我特别同情李京京同学的生活处境，因为我也有过类似的经历。

学生2：我特别敬佩李京京同学。我觉得他很有自信。尤其当自己的愿望遭到别人拒绝的时候，他总努力为自己创造机会，最后他成功了。

学生3：我觉得文中程老师的做法不对。他不应该有偏见，应该相信每一位学生都是优秀的。

学生4：老师，"心声"这个题目是不是一语双关啊？我觉的这不仅仅是李京京的心声，更是普天之下学生共同的心声。

学生5：通过读这篇课文，我想对所有的老师说一句话，那就是对所有的学生都要一视同仁，不能把学习成绩的好坏作为评价学生的唯一标准。

三、理解探究

老师：刚才听了同学们的发言，我感受很深。尤其是最后一位同学的发言让我仿佛看到了我们每一位同学的那颗渴望关爱、渴求平等的心，其实老师也有过许多失误，也曾经遗忘过学习暂时落后的同学，但今天听了同学们的发言之后，我决心改正，争取做一个公正无私的老师。

老师：同学们，我们应该如何理解标题"心声"呢？

学生1：我觉得这是李京京同学的心声。他特别思念住在乡下的爷爷，想早日见到爷爷，他渴望亲情。

学生2：我觉得这是像李京京同学一样不被老师重视的学生的心声，他们渴求得到老师的关怀和帮助。

学生3：我觉得这是作者的心声。他写这篇文章旨在告诉我们读者，我们要像李京京一样，面对冷漠，面对挫折，要自我肯定，永不言弃。

学生4：我觉得这是教育专家的心声。教育本是一块净土，不容弄虚作假。他们呼唤教育要返璞归真。

【案例分析】

学生的学习首先必须是在一种心理感到很安全，思想很自由、很宽松，乐意进取、乐意参与，情绪很高亢的状态下进行。因此，转变学生的学习方式，首先就意味着改变学生的学习状态。也就是说，学习方式转变首先要考察的内容，就是课堂的教育氛围、环境：学生是在什么样的状态下学习的？教师会设计什么样的教学情景，设计什么样的课堂氛围？

进一步来说，新课程课堂该有什么样的教育氛围？学生要什么样的学习状态？要做到以下三点：

（1）学生要自由。所谓自由就是解放学生的头脑，解放学生的心理，放飞学生的心灵，让他们无拘无束，这是最基本的东西。

（2）宽松的氛围。所谓宽松，就是允许学生说错话，说真话，把它自己的经验、最个性化的东西充分表达了出来。犯错误就是让学生打开心窗，把他心里想到的、碰到的经验和体会充分地表露出来，以使我们的教学真正进入孩子的心理。

（3）民主。课程就是教师帮助学生经历、体验转变的过程，教师和学生是同事、伙伴、协作者的关系。我们的课堂就要达到这样的状态：学生敢想、敢说，愿意想、愿意说。只有这样的状态下才能改变学生的学习方式。

第二节 创设情境、探究新知

【案例】平行四边形的面积

一、创设情境，引出课题

老师：同学们，很高兴能跟大家一起来学习，我发现我们学校环境特别优美，我拍了几张照片，看一看，你能找出哪些图形？

学生看图回答

老师：再过 6 天，我们学校就要举行庆典活动了，为了把我们的学校打扮得更漂亮，学校准备在操场的西边空地上新建两个花坛。（课件出示规划图）

老师：说一说，这两个花坛分别是什么形状的？

学生：一个长方形，一个平行四边形。

老师：你认为哪个花坛大呢？

学生 1：长方形的大。

学生 2：平行四边形的大。

老师：怎样来比较两个花坛的大小呢？

学生：算出它们的面积，再比较。

老师：你会计算它们的面积吗？

学生：我会计算长方形的面积，将长方形的长乘以宽就能算出它的面积。

老师：平行四边形的面积怎样计算呢？今天我们一起来研究平行四边形面积计算。

板书课题：平行四边形的面积。

二、探究新知，发现新知

1．猜一猜

老师：同学们大胆猜一猜，平行四边形的面积可能怎样计算？

学生1：平行四边形的面积，用底乘以高来计算。

学生2：我觉得跟长方形的一样，用底乘以邻边来计算。

老师：老师告诉你们所需要的条件，你们按照你们的方法来算一算，平行四边形的面积会是多少。

学生计算，老师将可能出现的结果板书在黑板上。

2．数一数

用数方格的方法计算平行四边形的面积

老师：你们的猜想成立吗？我们先用最直接的方法——数方格的方法来验证一下。

课件出示方格图

老师说明要求：一个方格表示1 ㎡，不满一格的都按半格计算。

老师：观察得出的数据，你发现了什么？

学生1：我发现平行四边形的底和长方形的长相等，平行四边形的高和长方形的宽相等。

学生2：我发现长方形的面积和平行四边形的面积相等。

学生3：我发现平行四边形的面积是底乘高的积。

3. 引导推导平行四边形面积计算公式

老师：刚才我们用数方格的方法来算出了平行四边形的面积，你对这种数方格方法有什么感受？

学生1：太麻烦了。

学生2：有时候无法操作。

老师：不数方格，能不能计算平行四边形的面积呢？

学生：能将平行四边形拼成长方形。

老师：能将平行四边形转化为长方形吗？

老师组织学生动手实验。学生用课前准备的平行四边形纸和剪刀进行剪拼。老师巡视，个别指导。学生拼好后，指名上黑板实物投影拼得方法和过程。

小组讨论。观察拼出的长方形和原来的平行四边形，你发现了什么？

小组汇报，概括。老师课件演示剪拼过程。

拼成的长方形的面积与原来平行四边形面积相等

拼成的长方形的长与原来平行四边形的底相等

拼成的长方形的长与原来平行四边形的高相等

因为长方形的面积＝长×宽

所以，平行四边形的面积＝底×高

用字母表示平行四边形的面积公式 $S = ah$

三、应用公式，解决问题

1. 现在你能运用公式来计算刚才平行四边形花坛的面积吗？学生独立完成。

2. 完成书上题目。

3. 计算广告牌的面积。

四、全课总结，拓展延伸

1. 老师：今天的学习，你们有什么收获？

学生 1：我学会了平行四边形的面积计算方法。

学生 2：我会用平行四边形的面积计算方法解决实际问题。

学生 3：我学会了将平行四边形转化为长方形。

2. 请你为平行四边形的花坛设计一个平行四边形的标语牌，并计算出需要多大的铁皮。

【案例分析】

教师首先让学生通过观察情境图，发现图形，巩固和加深了对已学过的图形特征的认识，加强学习内容与生活实际的联系，计算长方形的面积为学习新知作好了知识上的铺垫。

教师还让学生参与学习新知的全过程，充分发挥学生的主体作用，让学生通过自主探索，合作交流，"创造"出新知，发展学生的能力，让学生体验到成功的喜悦。

通过多种形式的练习，巩固所学的知识，解决生活中的数学问题，加强数学与生活的联系。

让学生自己总结学习收获，充分体验成功的，并将所学知识以实践活动的形式由课内延伸到课外，不仅巩固了所学知识，而且收到了"课已尽意无穷"的效果。

第三节 文史相通、合作学习

【案例】《模拟导游——重走长征路》

一、课题目标

活动课《模拟导游——重走长征路》以"诵读毛泽东诗词，重走红军长征路"内容，鉴于活动形式和内容的特殊性，通过小组进行合作学习，使学生能够在高声诵读毛泽东的长征诗篇，重走红军长征路，重回当年的战场，重温令人难忘的战争岁月。通过对该课题的合作学习，希望能实现以下目标：

1. 通过小组合作学习，查阅、选取马泽东长征时期写的诗词，联系课本知识，适当拓展、延伸课外知识，感受当年红军长征的艰难历程；

2. 通过小组合作诵读毛泽东的长征诗词，加深对诗词内容的理解，学习老一辈革命家高尚的思想情操和伟大的胸怀；

3. 文史相通，通过以诗入境、以史佐证，加强历史和语文课程的整合，进一步提高学生学习这两门课的兴趣，丰富学生的诗词常识，提高学生的文学鉴赏能力；

4. 通过小组合作，以导游的形式，培养学生收集、提取、整理有关地理、旅游信息资料的能力，提高学生的口头表达能力和集体合作的意识。

二、分组方式

1. 分组原则

根据"自愿组合与教师的合理调配相结合。在学生自愿组合的基础上，采用差异性分组的原则，把性格、爱好不同的学生分在一组"，即"异组同质，异质同组"的原则将学生分为三个组，每个组确定小组的主持人、朗诵诗词的同学、担任导游的同学，明确分工，做好各项准备工作。

2. 分组任务及分工

总主持人：宣布活动开始，带领大家阅读《七律·长征》，介绍本科的活动内容和具体方法。

第一组：朗读《十六字令三首》

主持人：介绍词牌、写作时间、背景等。

导游：带领大家重温中央红军长征的路线、经过的省份，着重介绍红军翻越的主要山脉及其概况，特别是红军战胜恶劣的自然条件的事迹。

第二组：朗读《忆秦娥·娄山关》

主持人：介绍词牌、写作时间、背景、诗人的情感等。

导游：介绍娄山关的地理位置、发生在这里的战斗等。

第三组：朗读《清平乐·六盘山》

主持人：介绍词牌、写作时间、背景、诗人的情感等。

导游：介绍六盘山的地理位置和中央红军在宁夏南部的主要活动，翻越六盘山的意义等。

三、小组合作学习应注意的问题

每一个小组内担任导游的同学，每课一人也可多人，拟好介绍诗词中提到的有关地点的概况、红军长征时发生在当地的战斗和事件、故事等文字资料。

【案例分析】

小组合作学习可以打破以往单纯注重班级整体教学中一些难以解决的问题，但"教无定法"，更深层次的研究和探索势必要付出更多的劳动，才能使这种方法逐步完善，使每个学生在小组中充分参与课堂教学，交流思想感情。

通过教师中介学习掌握人类积累起来的知识，充分发挥小组合作学习的优势，调动学生参与课堂教学意识，促进学生的独立性、创造性的发展。在教学中，教师重视方法的指导，注意培养学生举一反三的能力。在小组合作学习中，同学应共同协作，取长补短，才能达到预定的目标。

小组合作研究性学习的评价的特征是"两个结合，两个侧重"，即学习过程评价与学习结果评价相结合，侧重于对过程的评价；对合作小组集体的评价与对小组成员个人的评价相结合，侧重于对小组集体的评价。

无论是过程评价还是结果评价，也无论是对小组集体评价还是对个人评价，都必须把"小组合作表现"列为评价的主要指标之一。例如：小组成员的差异性，小组分工的合理性，小组成员的合作方式，集体研究活动的形式、内容、频次、效度，小组成员的参与度，达成小组研究结果的方式等等，都应当成为对集体的过程评价的重要观察视角；个人对分担任务的态度，执行及完成情况，小组集体活动中的表现，如何与同伴互助合作，个人对课题研究的贡献（是否有创新），个人达成研究结果的方式以及对集体研究结果的作用等等，则应当成为对小组成员个人评价的视角。

第四节　让作文课变得有趣

【案例】为自己画像

一、动员导入

老师：同学们，这节课我们练习画画好不好？（学生惊诧：作文课画画？）我们用文字给自己画一幅肖像画。（学生大悟，且跃跃欲试）先别急，我们还要进行一场比赛，看哪一组画得更好！下面我宣布比赛规则：

1. 由男生和女生分别组成各自的代表队。

2. 先用十分钟时间每人用文字给自己画一幅"速写"，要求尽量独具特色。

3. 老师分别抽取五名男生和五名女生的速写当众宣读，这十名同学都到前面来，其他的同学在下面听，猜测本队的同学写的是谁，猜得又准又快的队即为获胜队。

4. 速写只许描写五官，身材等先天自然的特征，不许涉及衣着，姓名，职务等特征，否则视为犯规判罚一分。

5. 在猜测的过程中，前面的同学不许做任何暗示，否则也视为犯规判罚一分。

同学们听明白了吗？（学生纷纷表示明白，催促快些开始）好，下面进行第一个环节：为自己画像。十分钟计时开始！

二、埋头写作

学生埋头写作。（只听见一片笔尖触纸的沙沙声。）

老师：时间到，请同学们把画的肖像都交给我。（教师略加选择，尽量选特征不太明显的，抽出五男五女共十份速写，点名让十名同学到讲台上来站好。）

老师规定一个男生一个女生依次读来，猜对一个加一分，最后公布比赛结果。

三、学生习作

男生甲：我的身材一般，也就是 1 米 65 左右。长得虽然不算英俊，但也称得上潇洒！一头乌黑的短发绝对没有头皮屑。两只眼睛不大，也不是双眼皮儿，可蛮有精神的，只可惜有点近视，戴了一副 200 度的近视镜。（读到这里男同学们已经猜了出来，但遭到了女生的反对，因为"戴近视镜"属于后天特征。教师裁决：反对有效，此次记零分。）

甲女生：我是一个很平凡的女孩儿，属于钻到人堆里让人找不出来的那一种。身材不高也不算矮；皮肤不白也不算黑；五官都不突出但搭配还算合理：鼻子坚定地占据了中央，但从没有骄傲到鼻孔朝天；嘴巴甘心的居于下面，可也决不会自暴自弃。老实讲五官中我最满意的就是自己的嘴了，它能说会道还挺有幽默感，使我在班级中有很好的人缘，多多少少弥补了一点我外貌的不足。（读到此女生也猜了出来，但同样遭到男生的反对，认为"有幽默感""好人缘"也是后天特征。教师裁决：反对无效，加一分。）

男生乙：我的身材不高，大概算是"二等残废"级别的。令人恼火的是残联不给我们颁证，我们只能和"长人"一样在这个世界上打拼，简直太不公平！不过话又说回来，这个世界上不公平的事多着呢！再想想看个儿矮也不错，不必成天担心天塌下来砸到自己，省下心来可以多读些书，不是说"腹有诗书气自华"吗？等到我"气"足了就没人说我矮了吧？（这个同学抓住自己的身材做足了文章，顺利为本组加了一分。）

乙女生：《围城》上方鸿渐曾经用十个红指甲和两片红唇画出了一个女人的"纲要"，真是有趣！不由想本姑娘的"纲要"该如何画呢？对！就画一双横眉冷对，怒目圆睁的大眼睛吧！古代有位能"一顾倾城，再顾倾国"的姐姐，那眼睛该多么厉害！可惜无缘得见。不过本姑娘的眼睛想也不差，许多同学（尤其上课爱捣乱的男生）反映怕被我"一顾再顾"呢。其实我也是"狐假虎威"，他们主要是怕被我记下来让班主任知道。咳！有什么办法？我也想温柔一点，可老师让我管纪律啊！（一段妙文，可惜临了不慎暴露了身份，被男生抓住破绽。教师宣布：隆重作废！）

男生丙：姥姥说我长得像妈妈，奶奶说我长得像爸爸。我觉得她们说的都不全面。我是继承了妈妈和爸爸的优点，并且在继承的基础上还有所创新。高高的鼻梁显然是爸爸给我的，可我的鼻头没有爸爸的大，要秀气得多；大大的眼睛是妈妈的恩赐，可我比妈妈又多出了一对儿双眼皮儿；再加上一双浓眉，棱角分明的嘴巴，谦虚得讲，长得确实很英俊。难怪姥姥和奶奶争着把我拉向她们一方。（天生丽质难自弃，也难怪人家这么不谦虚！男生队暂时领先。）

【案例分析】

中小学生普遍对作文课比较头疼，不知道该写什么？怎么写？中小学老师对作文课也很头疼。

我们看案例中这位老师的做法，本来是要写一篇关于学生自己的外貌肖像的作文，但是这位老师不是把要求写在黑板上，然后让学生自己来写作，而是把作文课变成了画画比赛。这样学生会觉得非常有趣，在限定的时间很快就写了出来，稍后老师进行朗读，让同学猜是哪位同学，在朗读后精彩的点评和公正的判决，使同学们在笑声中学会了个人肖像的写法。谁说作文课是枯燥的，只要教师自己肯用心，就能想出这么一举两得的办法。

第五节　以学生为主体的体育课

【案例】

教学片段一

课堂帷幕拉开，老师问同学们："想不想和我一起边唱边跳你们所学过的《兔子舞》？"

"想、想"同学们兴高采烈地回答。

"那让我们唱起来、跳起来吧！"老师深情地说。

"左左、右右，向前跳跳跳，前踢，后踢，并步跳跳跳……"同学们在轻松活泼的音乐声中展示着优美的跳跃动作，别有心裁的热身活动，形成师生互动式情感交流，凸现出了学生别具一格的激情，学生和老师真正编织起了人生的精彩。

教学片段二

老师："同学们，我们来一起做'剪刀、石头、布'的游戏吧，请同学们用脚而不用手行吗?"老师以磋商的语气问道。

同学们洋洋得意地说："好! 这是我们课间经常玩的活动。"

"那我们每两位同学为一组分别站在两条相对的线上，每赢一次向前跳一步，先到达对方线上的为胜。"老师有的放矢地向学生提出要求。

同学们迫不及待地找到自己的伙伴开始游戏活动。同学们有的动作快，有的动作慢，你追我赶的场面热闹非凡。

教学片段三

老师提出进行下一个活动环节:自由跳绳我最棒。

新的学习内容，点燃起学生探究知识的新火种。同学们跃跃欲试，情绪高昂。游戏开始，同学们八仙过海，各显神通:有的同学搭另一同学正面搭绳跳，有的反摇绳搭人跳，有的两人边摇边向前跳，有的交错双人摇双绳跳……

五月炎热的下午，同学们都没有显露出疲惫的样子，个个精神饱满，尽情分享着合作性跳绳的快感，也不知是学生感染了老师，还是老师感染了学生，师生都被浓浓的激情包围着，这哪是在上课，分明是老师与学生间的一种情感交流。同学们真聪明，能想出许多不同的合作性跳绳花样。同学们跳出了水平，跳出了特色，跳出了团结。

【案例分析】

在体育课堂教学过程中，老师要坚信每位学生都具有学习的潜能，尽量给每位学生同等的练习机会。使学生的思维更加活跃，探索热情更加高涨。在本教学活动中，老师大胆打破传统的单一、机械的准备活动方式，用学生喜爱的游戏取而代之。学生成为课堂的学习主人，课堂展示的大舞台，学生在展示自己的同时赞赏别人。竞技回归到游戏，健身习惯在自由的玩乐中养成。课堂真正是师生自主自由活动与情感交流的生活世界。

体育教学中应把学生的活动作为教学改革的重心，使课堂教学呈现一种活泼的开放局面。本次课的教学开放局面就是老师给学生创设宽松、和谐、平等、充满活力的教学平台，鼓励学生大胆地表现自我，向自我挑战。本课利用学生非常熟悉的体育资源，是对新课标的一个重要堂试，也是学生主体的一种彰显。

本课无论是教学内容的选择还是教学方法的更新，都十分关注学生的运动兴趣。因为只有激发和保持学生的运动兴趣，才能使学生自觉积极地进行体育活动，激发学生去想、去看、去练、去比。本次课学生的运动兴趣来源于比赛的刺激性、来源于新奇的盖章形式、来源于伙伴的协调作战……这么多的兴趣，学生怎能不向往？不去积极参与练习？

体育教学中，教师只要真正把学生作为学习的主体，重视学生的需求、情感、心理，使每个学生都能真正体验到合作性学习和成功的乐趣，让学生与体育结下不解之缘，主动参与体育活动。这样，教师才能教得舒心，学生学得开心，教师和学生都在合作性的活动中去锻炼、去体会、去升华。

第六节　规范仪容仪表

【案例】

一、故事导入（请班级里最擅长演讲的同学为我们讲述这个故

事）

　　在一个小镇上有一个非常穷困的女孩子，她家里没有父亲，她跟自己的妈妈相依为命，做手工品，然后这样长到了 18 岁。18 年来她过着太贫寒的生活，她从来没有自己漂亮的衣服和首饰，因此她也很自卑，这就是她生命里的缺憾。

　　后来在她 18 岁那年的圣诞节，妈妈破天荒给了她 20 美元，跟她说，这是你的劳动所得，你用这个给自己买个圣诞礼物吧。她简直是大喜过望，但是她还没有勇气从这个小镇上堂而皇之地走过，她捏着这个钱绕开人群，贴着墙角，走在路边上，一路上她看着所有人，都认为这些人的生活比她美好。她心中不无遗憾地想说，我是这个小镇上最抬不起头来的一个寒碜的女孩子。路上她看到了自己特别心仪的小伙子，她就酸溜溜地想：今天晚上有个盛大的舞会，不知道谁是他舞会上的女伴，谁能够有这个荣耀呢？

　　她就这样一路嘀嘀咕咕躲着人群，来到了那个商店。一进门她就觉得自己的视线被刺痛了，她看到那个柜台上摆着一批特别漂亮的缎子做的头花、发饰，那么她呆呆地在那的时候售货员就叫她：小姑娘，你过来，你的亚麻色的头发那么漂亮，我挑一个淡绿色的头花给你戴上。她一眼看到价签，写着 16 美元，她先说，我一定买不起，我不试了。这个时候那个售货员已经把头花给她戴上了。拿起镜子跟她说你看一眼，就在她看一眼的时候，她突然就惊呆了，她觉得这一朵头花改变了她整个人的容颜，突然之间，她变得像一个天使一样容光焕发，她从来没看到过自己这个样子。她就特别惊讶地想说，有如此神奇的力量，那我买了吧。所以她就飘飘欲仙地掏出钱来说我买了。人家找给她四美元的时候，她仍然像飘着一样转身就往外飞跑，然后咣一下，撞在一个刚刚推门进来的老绅士身上，然后她隐隐约约听到那个老人叫她，她飘飘忽忽地跑了。

一路上她就在想，我怎么会有了如此的改变，她不知不觉地就跑在了小镇最中间的大路上，她看见所有人迎向她，都是惊讶的目光，她听到人们在议论说，这个镇子上还有这么漂亮的女孩子，她是谁家的女孩子，我们怎么从来不认识她？就在这个时候，她又一次踫到了她暗暗喜欢的那个男孩，那个男孩也很惊讶，叫住她，说，我有没有荣幸请你做我今天晚上圣诞舞会的舞伴？这个女孩子简直心花怒放，她想了想，说我索性就奢侈一回，我手里这四块钱我回去再给自己买点东西。所以她又这样一路飘飘然地回到了小店。

她一进门，就看到那个老绅士微笑着站在那。这个老人跟她说，孩子，我就知道你会回来的，你刚才撞到我的时候这个头花就掉下来了，我一直在等着你回来取回它。

讨论：是什么使这个女孩获得称赞？是那个头花吗？

教师陈述：美是我们每一个人的追求，美使我们获得自信获得幸福，这个小镇上的女孩的美不在于天生丽质，也不在于那朵头花，其实，是从容与自信让她在众人眼中大放异彩。

二、大家一起来说"不"——晒晒我们身边不美的仪容仪表现象

在仪容仪表方面，你觉得身边有哪些仪容仪表是不适合中学生身份的？

举例：1. 男生留长发或蓬头垢面。

2. 头发上抹上很多发胶，摩丝之类。

3. 总是喜欢敞开衣服。

4. 女生烫发，留很长的刘海遮住眼睛。

5. 扎耳眼，有人甚至不止扎一个。

6. 脖子上、手腕上、手指上、耳垂上戴满装饰物，"流光溢彩"。

7. 女同学的衣服越来越短，裤子或者肥大或者瘦小，总是很夸张。

8. 化妆，抹口红、描眼影。

总结：部分同学刻意模仿明星，刻意使自己的穿着"社会化"，刻意追赶时髦，反而让人感觉刺目、浅薄、不伦不类。失去自我，也失去了作为学生的清纯形象，不仅违反了中学生日常行为规范，违反了学校仪容仪表要求，也使自己的精力分散，学习成绩急剧下降。

三、众里寻她千百度——评选班里"最美的中学生"

"清水出芙蓉，天然去雕饰。"中学生本身就具有一种充满朝气的青春美，我们的美不仅体现在得体的衣着，清爽的发型，更在于文明的言行，良好的精神面貌，今天请大家观察身边的同学，从仪容仪表角度去评价，谁是我们班级里最美的中学生呢？请说明理由。

评选出得票较多的五名同学为本学期综合素质评价"审美与表现"之星。

四、请班委会做《关于中学生仪容仪表问题的调查报告》

五、《中学生日常行为规范》对中学生仪表的具体要求

"穿戴整洁、朴素大方。提倡穿校服。头发干净整齐，男生不留长发，女生不烫发、不化妆，不佩戴首饰，不穿高跟鞋。"

六、我承诺——规范自我，健康审美

由一位同学宣读"学生仪容仪表规范及要求"，请全班同学签名，承诺遵守学校规定。

七、结束语

青春总是与美结伴而行的，拥有青春的我们，朝气蓬勃是美，朴素大方是美，活泼运动是美，沉静思索是美。愿同学们能严格要求自己，努力追求属于我们中学生自己的美！

【案例分析】

随着社会的发展，时代的进步，中学生仪容仪表问题逐渐成为学校教育最头疼的问题之一，为了使全班同学养成良好的文明习惯，树立正确健康的审美观，形成班级良好的学习风气，本节班会课主要围绕中学生仪容仪表问题展开讨论，也希望借此，锻炼同学们的组织能力、语言表达能力。

在本案例中，班主任先由一个故事引入，让同学们明白美丽不在于装饰，自信更能体现美，由此进入班会的主题——规范仪容仪表。然后让学生自己说出什么不符合中学生的仪容仪表，并评选出班级最美丽的中学生。之后宣读《中学生日常行为规范》，并请同学签字承诺遵守。这些活动，相信比班主任在讲台上读《中学生日常行为规范》要有效的多。可见，让学生多参与、多讨论，让学生认识到班级的组织管理也是自己的事情是非常重要的。